Daniel Marmolejo

LA LUCHA DE LA
CLASE TRABAJADORA

Fundamentos de la lucha obrera

para jóvenes

ÍNDICE

DEDICATORIA A MIS SOBRINOS Y OTROS LECTORES JÓVENES

Seguro que conforme crecíais os habéis llegado a hacer ciertas preguntas. Veis que vuestros familiares trabajan mucho, se pasan el día fuera, para poder traer dinero a casa con el que vivir, con el que comprar comida, ropa, con el que pagar facturas de luz, de agua, de gas. Sin embargo, por mucho que trabajen, el dinero nunca sobra en casa. Y además, siempre están preocupados por quedarse sin trabajo.

Ahora que tenéis cierta edad y cierta madurez, ahora que ya os empiezan a contar la verdad con más detalles porque sabéis entenderlos, creo que puede ser buen momento para explicaros un poco del funcionamiento de esta sociedad, de por qué hay gente que tiene tanto y otros que tienen tan poco, de por qué hay gente que trabaja para poder vivir, otra gente que necesita trabajar pero no encuentra dónde, y gente que no trabaja porque no le hace falta.

Por eso, como hijos, nietos y sobrinos de gente trabajadora, creo que os puede ayudar mucho conocer la lucha de la clase trabajadora: cómo nos organizamos, qué queremos conseguir, los años que llevamos de lucha, y los pasos que se han dado. Que sepáis lo que es un sindicato y un partido político, una huelga o unas elecciones.

En suma, poder ayudaros a enfrentaros al mundo siendo conscientes de lo que sois y de lo que podéis llegar a conseguir. Lo tenéis todo por delante.

Leed este libro como más os apetezca. De principio a fin, o por capítulos sueltos. Al final hay un índice por si queréis ir directamente a los conceptos principales.

Introducción. ¿Quién pone los precios de las cosas?

¿Os habéis preguntado alguna vez por qué, cuando vamos al supermercado, las cosas tienen precios diferentes? ¿Por qué hay productos que cuestan más caros que otros? ¿Cuánto vale cada cosa?

Podríamos pensar que el valor de cada cosa depende de lo útil que sea. Cuando tenemos mucha hambre, un plato de comida nos resultará muy útil, así que le damos mucho valor. Sin embargo, si no tenemos hambre no encontraremos valor en ese plato. Ese valor es lo que llamamos **valor de uso**. Pero cuando tenemos que comprar algo, su precio no depende de lo útil que nos resulte. Una barra de pan cuesta lo mismo si hemos comido o si tenemos hambre. Debe de haber algo que determine ese precio.

Hoy en día muchos de nosotros vivimos en ciudades y para conseguir la comida vamos a comprarla a la tienda. Pero hace cinco mil años esto no era así, y la mayoría de las personas vivía en pequeñas aldeas en el campo. Estas personas tenían profesiones diferentes, cada una se dedicaba a una actividad. Había personas que se dedicaban a pescar, otras que tenían vacas y las ordeñaban, otras que cultivaban frutas y verduras y luego las recolectaban. Y como las personas no comen solo pescado, o solo leche, o solo fruta, estas personas se reunían en el pueblo para intercambiarse los productos.

Ya en las sociedades primitivas, cada persona hacía un trabajo diferente.

No todas las personas se dedicaban a producir comida, sin embargo, porque existen más necesidades, como por ejemplo la ropa. Así que también había personas que cultivaban algodón o esquilaban ovejas para hacer ropa con el algodón o la lana. Luego estas personas daban la ropa que había confeccionado, a cambio de recibir pescado, leche, fruta, aceite, o cualquier otra cosa que necesitaran.

A la hora de realizar el intercambio, sin embargo, todos estos productos no se intercambian de cualquier manera. Si el recolector de fruta tiene muchos árboles y tiene muchas naranjas por recoger, no le costará mucho esfuerzo recoger unas cuantas. Sin embargo, si el pescador tiene que coger el pescado en un río muy revuelto, coger dos o tres pescados le supondrá mucho esfuerzo. Es posible que, en una hora pescando, el pescador solo coja un pescado, mientras que el recolector puede haber cogido veinte naranjas.

Por eso, por el esfuerzo que ha supuesto este trabajo, el pescador no querrá cambiar un pescado por una naranja. Pero si le proponen cambiar un pescado por veinte naranjas, es posible que sí acepte. Del mismo modo, el recolector no tendrá problema en dar veinte naranjas de las que ha recogido, a cambio de un pescado.

Esto es lo que llamamos **valor de cambio**. En el pueblo de nuestro ejemplo, un pescado vale veinte naranjas. Pero también puede valer medio litro de leche, si ha ido a cambiarlo a casa de la ganadera. O una camiseta, si ha ido a casa del costurero.

Sin embargo, tener que cargar siempre con el pescado cada vez que quieres algo, o con las naranjas o la leche, no es cómodo. Además, a lo mejor el recolector no necesita pescado a la vez que el pescador necesita naranjas. Por eso, los antiguos empezaron a cambiar sus productos por otro que era fácil de transportar y que no se estropeaba con el tiempo, concretamente el oro.

De este modo, acabaron intercambiando las mercancías que producían por oro. Un pescado, veinte naranjas, medio litro de leche o una camiseta, costaban una pepita de oro. Y esta pepita de oro representaba el tiempo que le había costado a cada persona conseguir su producto. Esto es lo que llamamos **ley del valor**: el valor de cambio de las cosas es equivalente al tiempo de trabajo que hace falta para conseguirlas.

En la actualidad ya no usamos oro. Al principio el oro empezó a sustituirse por otros metales, como la plata o el cobre. Además, para no tener que pesar siempre estos metales, se fundían y moldeaban en pequeñas fichas que eran todas iguales: son lo que hoy llamamos monedas. Por otro lado, cuando el valor en monedas es alto, para no llevar todas las monedas encima, utilizamos notas de papel que sabemos que se pueden cambiar por monedas en un banco: son los billetes. Las monedas y los billetes son el **dinero**, que nos sirve para comprar y vender.

1. EL TRABAJO Y SUS DUEÑOS

Vamos a empezar por estudiar en qué consiste el trabajo. Para hacerlo sencillo, pondremos el ejemplo de una tejedora.

El trabajo de la tejedora consiste en coger un ovillo de lana y tejer para convertir esta lana en jerséis, bufandas, calcetines...

Así que, para poder hacer su trabajo, la tejedora necesita lana. Pero también necesita unas agujas de punto, que le servirán para poder hacer estas prendas de ropa. Y también le hace falta un sitio donde ponerse a tejer, un taller. Si le falta alguna de estas cosas, la tejedora no puede hacer su trabajo.

La **materia prima** son los productos que una persona transforma cuando trabaja. Para nuestra tejedora, la materia prima es la lana. Los **medios de trabajo** son los objetos que esta persona necesita para poder transformar la materia prima, y así llevar a cabo su trabajo. Para nuestra tejedora, los medios de trabajo son las agujas y el taller.

Tanto la lana como las agujas y el taller son necesarios para poder fabricar los jerséis y las bufandas. Esto es lo que llamamos **medios de producción**.

Nuestra tejedora, como hemos dicho, convierte la lana en jerséis y bufandas, utilizando las agujas dentro de su taller. Sin embargo, esta tejedora se cansa, no puede estar tejiendo todo el día; se cansa porque consume energía. Esta energía que consume es su **fuerza de trabajo**. Cuando la fuerza de trabajo se ha agotado y nuestra tejedora no puede seguir trabajando, tiene que reponerla, durmiendo y comiendo.

Como vemos, para poder producir mercancías hacen falta medios de producción y fuerza de trabajo.

La tejedora que hemos visto hace el trabajo completo. Compra su lana, utiliza su fuerza de trabajo, trabaja en su taller y vende sus jerséis y sus bufandas. Es dueña de sus medios de producción y, por lo tanto, tiene el control sobre su trabajo.

Sin embargo, este caso tan sencillo no es lo normal hoy en día. La mayor parte de las personas trabajan en grandes centros de trabajo y tienen funciones concretas. Por ejemplo, vamos a pensar en una fábrica que produce sillas. En esta fábrica hay trabajadores que compran la madera, otros que trabajan con las máquinas que cortan la madera, otros que encajan las piezas de las sillas, y otros que cargan las sillas en el camión para llevarlas a las tiendas. Cada uno tiene su función específica.

Además, la fábrica en la que trabajan normalmente no les pertenece a ellos, sino que tiene un dueño (o varios). Y muchas veces ocurre que el dueño de la fábrica no trabaja en ella.

En este caso, estos trabajadores no poseen los medios de producción, solo son dueños de su fuerza de trabajo. Los medios de producción pertenecen a unas personas que se llaman **burgueses** (aunque también se pueden llamar **empresarios, capitalistas, patronos...**).

Los burgueses utilizan sus medios de producción para obtener un beneficio, igual que hacía la tejedora de nuestro ejemplo anterior. Sin embargo, en nuestra fábrica de sillas, el burgués no cumple ninguna función; no trae la madera, no la corta, no monta las piezas, no lleva las sillas a las tiendas... todo esto lo hacen los obreros.

En la fábrica de sillas, cada trabajador se ocupa de una parte del trabajo. Pero el burgués no hace ninguna, porque no trabaja.

Por lo tanto, el burgués utiliza sus medios de producción (pero no su fuerza de trabajo) para vivir. Su objetivo es obtener un beneficio, y para ello necesita a los trabajadores.

Los trabajadores de la fábrica no son dueños de los medios de producción (las máquinas, la madera...), solo tienen su fuerza de trabajo. Así que el burgués les compra esta fuerza de trabajo durante varias horas al día, a cambio de un determinado **salario**. Por eso decimos que los trabajadores son **asalariados**.

El objetivo del burgués es obtener el máximo beneficio. Para ello, le interesa que se produzca mucho, vender caros sus productos, y gastar poco, lo mínimo. Uno de los gastos que el burgués siempre intenta reducir son los salarios de los trabajadores. Por lo tanto, les pagará a los trabajadores el salario más bajo que pueda.

Los trabajadores, por otro lado, solo tienen su fuerza de trabajo, así que dependen del salario que obtienen vendiéndola. Este salario les permite vivir. Por eso los trabajadores necesitan trabajar; de lo contrario no tendrían para comer y morirían de hambre.

2. ¿SIEMPRE HA HABIDO TRABAJADORES?

Estas relaciones entre trabajadores y burgueses no han sido siempre así. En las primeras sociedades humanas no había trabajadores ni burgueses, sino que se trabajaba la tierra entre todos: eso se llama trabajo **cooperativo**. Ni la tierra ni los animales domésticos pertenecían a ninguna persona, sino a la comunidad entera. Por lo tanto, trabajaban todos y se beneficiaban por igual del fruto del trabajo. Estas primeras sociedades obtenían su comida primero de la caza y pesca de animales y la recolección de frutos; y más tarde, de la agricultura y la ganadería.

Sin embargo, poco a poco las tribus conseguían trabajar más y mejor y obtener más productos de los que necesitaban. Esto, por un lado, hacía que otras tribus las atacaran para arrebatarles esta comida guardada, y en el reparto los jefes se quedaban con una porción mayor. Por otro lado, cuando unas tribus comerciaban con otras, sus jefes se encargaban del intercambio, y con el tiempo los jefes se acabaron apropiando de esos productos que sobraban. Estas personas acabaron acumulando riquezas, con lo que se creó una diferenciación (entre los que tenían más y los que tenían menos) y, sobre todo, apareció la propiedad privada. Primero los animales y luego las tierras, que antes eran de todos, ahora tenían dueños.

Estas personas, que habían obtenido tierras y animales a base de atacar a otras comunidades, también se dedicaban a capturar personas de esas comunidades, a las que obligaban a trabajar en sus tierras. De este modo surgían los **esclavos**. Los esclavos eran personas que pertenecían completamente a otras personas, a los esclavistas. Los esclavistas usaban a los esclavos como si fueran instrumentos de trabajo y podían hacer con ellos lo que quisieran: los explotaban, los vendían o los mataban.

El sistema esclavista era el que había en las civilizaciones de Grecia y Roma. Este sistema, por otro lado, no era sostenible. Los pequeños agricultores no podían competir con las grandes haciendas de esclavos, y por lo tanto quebraban y se quedaban sin trabajo. Estos pequeños agricultores que ya no tenían trabajo tampoco podían pagar impuestos, así que el Estado se quedaba sin dinero para mantener el ejército y las obras públicas. Estos campesinos sin trabajo causaban revueltas a menudo, a las que se sumaban los esclavos.

Los esclavistas quisieron calmar la situación cediendo parte de sus parcelas a los pequeños campesinos, a cambio de que estos trabajaran para ellos. De este modo los campesinos se acabaron convirtiendo en **siervos**: personas que cedían su libertad a cambio de que el dueño de sus tierras (el señor) los protegiera. Este sistema se llamaba **feudalismo**. El feudalismo fue el sistema más común en Europa en la Edad Media y la Edad Moderna[1].

Mientras que el esclavo tenía que trabajar porque era propiedad del amo, eso ya no pasaba en el feudalismo. Según la ley, el siervo era una persona, pero estaba obligado a darle una parte de su cosecha al señor.

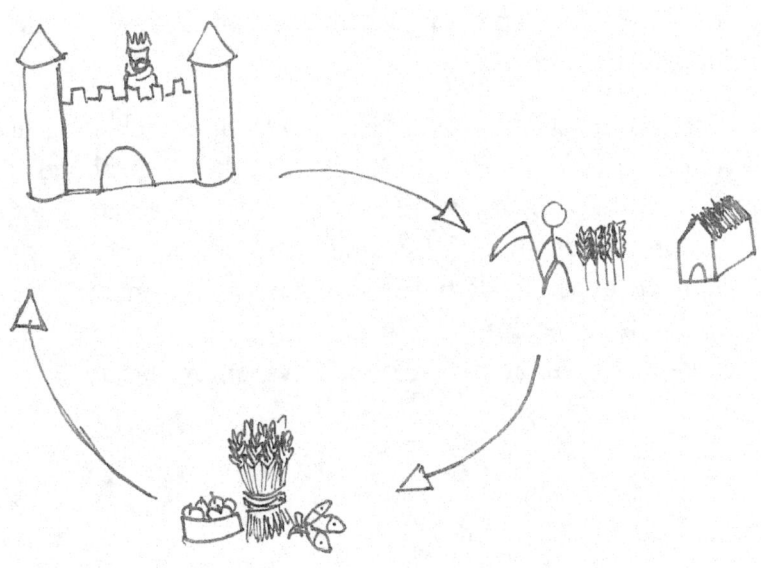

En el feudalismo, los siervos debían entregar gran parte de su cosecha al señor feudal, a cambio de que este los protegiera.

---

1 Aunque el feudalismo ya casi no existe en Europa, sigue habiéndolo en algunas zonas en países de otros continentes.

Con el paso de los siglos, algunos siervos conseguían acumular ciertas riquezas, que les permitían abandonar el campo y trasladarse a las ciudades. En las ciudades, se dedicaban a comerciar con mercancías; no tardaron mucho en utilizar esas riquezas para contratar a otros campesinos o artesanos y establecer empresas productivas, convirtiéndose así en burgueses.

En esta situación nos encontramos en la actualidad, en la que la mayoría de las personas son trabajadoras asalariadas, que trabajan para beneficio de un burgués. Este sistema económico en el que vivimos se llama **capitalismo** y no tiene más de 300 años.

Pero es importante tener en cuenta que, incluso en los sistemas capitalistas, no todo el trabajo se produce de manera capitalista. Hay algunas fábricas y empresas que no son propiedad de ningún burgués, sino de los obreros que trabajan en ellas (se llaman **cooperativas**). Asimismo, hay países donde se ha eliminado esta diferenciación social entre burgueses y trabajadores, pero eso lo veremos más adelante.

3. ¿CÓMO FUNCIONA EL CAPITALISMO?

En este capítulo vamos a explicar el funcionamiento del capitalismo, el sistema económico en el que vivimos. En la explicación hay muchos conceptos de economía, así que puede que a ratos sea difícil de seguir. Si se te hace muy pesado, pasa al capítulo 5.

Como hemos explicado antes, el sistema capitalista se basa en que un burgués (o capitalista) utiliza sus medios de producción (su **capital**) para obtener un beneficio. Es decir, que invierte su dinero para obtener más dinero.

¿Cómo obtiene más dinero el burgués? Invirtiendo su capital en un *proceso de trabajo*. En este proceso, se compra la materia prima y se le aplica trabajo para transformarla en un producto elaborado que vale más. En este proceso, el burgués aporta los medios de producción, pero no aplica trabajo; este trabajo se lo aplican los trabajadores.

En el ejemplo que vimos antes, el burgués aporta sus medios de producción (sus fábricas y sus máquinas), y con estos medios, los trabajadores aplican su trabajo a la madera para transformarla en sillas. Las sillas valen más que la madera.

Los trabajadores (asalariados) venden al burgués su fuerza de trabajo. Esto es, durante su jornada laboral, los trabajadores aplican su trabajo a los medios de producción del capitalista, y a cambio reciben un salario. Aquí vemos que también se produce un intercambio: la fuerza de trabajo se trata como si fuera otro producto más. Igual que las sillas, las manzanas o los zapatos, también la fuerza de trabajo se compra y se vende. Por eso decimos que es una mercancía: es uno de los rasgos del capitalismo.

En la página 9 vimos que el precio de las mercancías es su valor de cambio. Con la fuerza de trabajo pasa lo mismo: el precio de la fuerza de trabajo es el salario, y corresponde a su valor de cambio. Este valor de cambio, sin embargo, es más difícil de determinar que en otras mercancías, puesto que la fuerza de trabajo no «se fabrica».

Para que el obrero pueda trabajar durante muchos años, sus necesidades vitales deben estar cubiertas, es decir, debe reponer su energía gastada cada día. Para ello, gastará dinero en alojamiento y comida. Estos gastos deberán estar incluidos en su salario.

Por otro lado, el salario debe incluir el gasto de alojamiento y comida no solo para el obrero, sino también para su descendencia. Las mujeres y los hombres que trabajan de manera asalariada deben tener hijos, de modo que en el mercado siempre haya obreros disponibles. Así los burgueses pueden reponer los obreros que enferman o mueren.[2]

El salario incluye, por último, otros factores como las necesidades culturales (por ejemplo, ir al cine, al teatro o a ver los deportes) o el grado de especialización (los trabajadores más especializados tienen salarios más altos).

Sin embargo, el burgués no siempre paga al trabajador el salario íntegro como lo hemos descrito aquí. Cuando existen más obreros de los que el burgués necesita, este pagará salarios más bajos, que no llegan a cubrir las necesidades del trabajador.

Hemos visto que, gracias al trabajo de los obreros, el producto (las sillas) se paga más caro que la materia prima (la madera). Pero el salario que recibe el obrero no puede ser igual que la diferencia de precio, porque entonces el burgués no obtendría beneficios. Los burgueses solo invierten su capital si pueden obtener beneficios.

Por ejemplo, imaginemos que medio kilo de madera del árbol cuesta 10 euros. Una silla que pesa medio kilo cuesta 20 euros. Es decir, por cada silla, se ha añadido un valor de 10 euros.

---

2   Si las personas trabajadoras no tuvieran hijos, cada vez habría menos, y no habría suficientes para trabajar en las fábricas de los burgueses.

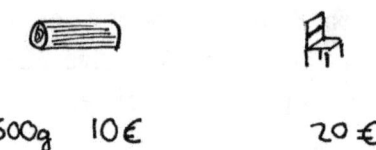

500g   10 €   20 €

Medio kilo de madera cuesta 10 €,
mientras que una silla cuesta 20 €.

Un trabajador es capaz de hacer una silla cada hora, es decir, da un beneficio de 10 euros cada hora. Si el trabajador gana como salario 50 euros al día, tardará cinco horas en trabajar lo suficiente para generar un beneficio igual a su salario. Esas cinco horas (esas cinco sillas) son el **trabajo pagado**.

Pero ya hemos dicho que el trabajador no puede generar un beneficio igual a su salario, porque entonces el burgués no ganaría dinero. Por eso, el burgués hace que el obrero trabaje tres horas más. Durante estas tres horas adicionales, el obrero está generando beneficio solamente para el burgués: produce tres sillas más, que equivalen a 30 euros. Estos 30 euros se los queda el burgués y se llaman **plusvalía**.

Hora	1ª	2ª	3ª	4ª	5ª	6ª	7ª	8ª
Sillas	1	1	1	1	1	1	1	1
Valor	10 €	10 €	10 €	10 €	10 €	10 €	10 €	10 €
	Trabajo pagado (salario del obrero)					Plusvalía (para el burgués)		

El burgués busca ganar el máximo beneficio, es decir, ganar cada vez más dinero. Para ello, tiene diversos métodos. Al principio los burgueses hacían que los trabajadores trabajaran más horas o más rápido, pero esto los agotaba y los hacía enfermar. Además, los trabajadores se empezaron a negar y a ponerse en huelga (hablaremos de esto en la página 49), así que esto ya no era una posibilidad[3]; tenían que buscar otras opciones, como mejorar las máquinas del proceso para poner unas más rápidas.

Usando estos métodos, se va consiguiendo que las cosas se produzcan más rápida y fácilmente. Como hemos visto, según la ley del valor, el valor de algo depende del tiempo de trabajo que hace falta para producirlo. Así que si nuestro producto ahora tarda menos tiempo en hacerse, bajará de precio.

De este modo, las empresas van necesitando actualizar su maquinaria y reducir sus gastos para poder producir de un modo más rápido y barato. Las empresas que no consigan hacerlo, venderán su producto más caro, perderán clientes, entrarán en bancarrota y se retirarán de la competencia. Los burgueses dueños de estas empresas que han quebrado ya no tendrán medios de producción, así que se habrán convertido en obreros: tendrán que vender su fuerza de trabajo para sobrevivir.

Por eso, al cabo del tiempo, solo los burgueses dueños de las empresas más grandes sobrevivirán, mientras que los

---

3   Aún hoy hay algunos empresarios que obligan a los trabajadores a trabajar más horas sin pagárselas, aunque es ilegal.

burgueses con empresas más pequeñas (y menos competitivas) perderán sus propiedades y tendrán que convertirse en trabajadores. Así van desapareciendo las empresas pequeñas y quedándose solo las grandes.

El capitalismo y las crisis

El principal interés del burgués es obtener cada vez más beneficios y hacer que su empresa crezca. Como el burgués cada vez quiere ganar más dinero, hace que su empresa empiece a fabricar más y más cantidades de productos. Pero llega un momento en que se fabrica más de lo que la gente puede o quiere comprar, y las empresas acumulan mucha cantidad de producto que no pueden vender. Se entra así en **crisis.**

Cuando se fabrica más de lo que se puede
vender, se entra en crisis y la empresa puede
cerrar.

Las crisis son muy graves, porque cuando ocurren, las empresas más pequeñas, que no están preparadas para competir, quiebran y sus trabajadores pasan a estar desempleados. Además, las empresas grandes que logran aguantar la crisis, lo hacen bajando los salarios de sus trabajadores, porque así el burgués pierde menos dinero.

Por esto, las crisis aumentan el desempleo y hacen que los trabajadores cada vez vivan peor. Pero, además, que las empresas pequeñas quiebren significa que sus dueños burgueses se convertirán en trabajadores. Es decir, que cada vez más gente necesita vender su fuerza de trabajo porque es lo único que tiene.

Sin embargo, las empresas que sobreviven, acabarán empleando a más gente una vez se supere la crisis, y por tanto extraerá la riqueza de más personas. Las crisis hacen que más personas acaben sin ninguna propiedad, y que unas pocas personas concentren toda la riqueza. Esta es la principal contradicción del capitalismo.

El monopolio

Cuando solo hay una empresa que fabrique un producto, se llama **monopolio**. Por eso, con el capitalismo siempre se acaban formando monopolios. Los monopolios no son buenos para los trabajadores, por varios motivos:

- En un monopolio, el burgués puede ponerle a su producto el precio que quiera. Pensemos en una empresa que hace camisetas, fabrica cada día 100 camisetas, las vende a 7 euros y gana 2 con cada camiseta, así que gana 200 euros cada día. Como no hay competencia, el empresario decide fabricar solo

50 camisetas cada día, pero las vende a 9 euros para poder tener los mismos beneficios. Ahora las camisetas son más caras, así que menos gente podrá comprarlas. Y como se fabrican menos camisetas, harán falta menos trabajadores, y algunos perderán su trabajo y se quedarán desempleados.

• En un monopolio, el burgués decide qué productos fabrica, y fabricará los que le den más beneficios, sin importarle lo que necesite la gente. Si el mismo burgués de antes, en lugar de hacer camisetas baratas para todo el mundo, decide fabricar abrigos de lujo porque gana más dinero, dejará de fabricar camisetas y la gente ya no podrá comprarlas. O también puede fabricar camisetas de muy mala calidad, porque como es el único que las fabrica, la gente solo podrá comprar esas camisetas.

Esta situación de monopolio no es sostenible, y sumada a las crisis, lleva al imperialismo, que ahora veremos lo que es.

4. EL IMPERIALISMO

En el capítulo anterior vimos que el capitalismo provoca crisis cada cierto tiempo, por culpa de la necesidad de obtener cada vez más beneficio. Esta misma necesidad lleva a las empresas al monopolio. Tanto las crisis como el monopolio impiden que el burgués gane cada vez más dinero.

Todas las empresas que pueden exportan sus mercancías. **Exportar** significa fabricar algo en un país y venderlo en otro, es decir, vender en el extranjero[4]. Esta también es una manera que tienen los burgueses para ganar más dinero con sus productos: si venden en más países, ganarán más dinero.

Sin embargo, cuando las empresas ya han llegado al monopolio, seguir aumentando los beneficios les resulta difícil. Además, si una empresa está pasando una crisis en un

---

4   Lo contrario, fabricar cosas en el extranjero y consumirlas aquí, se llama **importar**.

país, buscará algún otro que no esté afectado por esa crisis, para obtener beneficios allí. Por eso deciden abrir fábricas en otros países.

Seguramente hayas oído hablar de los países del tercer mundo, países en vías de desarrollo, países que son «más pobres». Hablamos de los países de África, Asia y América Latina. Allí las condiciones de vida son diferentes a las de aquí, normalmente la gente vive con menos: los trabajadores cobran menos, son menos exigentes en cuanto a las condiciones de trabajo y los materiales son más baratos. Por eso, muchas empresas de aquí, que quieren obtener más beneficios, deciden dejar de fabricar sus productos aquí y abrir fábricas en países más pobres. De este modo, consiguen fabricar sus productos con menos gastos.

Esto es lo que llamamos **imperialismo**: apropiarse de la economía de otros lugares para sacar más beneficios.

En el pasado, los gobiernos de los países europeos (que están dirigidos por burgueses) pensaron que para favorecer a sus empresas, tenían que mandar a su ejército a invadir los países que aún no estaban en el capitalismo, para poder establecer allí sus fábricas y extraer sus riquezas. Por eso, en el siglo XIX, África se la repartieron casi entera entre Francia y el Reino Unido (también tenían algunas tierras Alemania, España, Portugal y Bélgica), y en Asia y Oceanía pasó lo mismo. Estos países europeos convirtieron esas tierras en sus colonias: una **colonia** es un territorio que un país desarrollado invade para explotarlo y saquearlo. Por ejemplo, España tuvo varias colonias en África, como el

Sáhara Occidental (de donde extraía fosfatos) o Guinea Ecuatorial (de donde extraía cacao).

Los países colonialistas, a menudo, entraban en guerra los unos contra los otros para controlar esas tierras (las colonias). Por ejemplo, a finales del siglo XIX, España tenía varias colonias en América; la más importante era Cuba, donde se producía mucha caña de azúcar. En ese mismo siglo, los Estados Unidos le declararon la guerra a España en Cuba. Los Estados Unidos ganaron la guerra e invadieron Cuba, Puerto Rico (en América), Filipinas (en Asia) y todas las islas que España tenía en el océano Pacífico.

Hoy en día quedan muy pocas colonias, y esos territorios de África y Asia ahora son países independientes y tienen sus propios gobiernos: ya no pertenecen a los países europeos. Sin embargo, sus gobiernos favorecen a las empresas europeas y norteamericanas, así que sufren su imperialismo. Por ese motivo, estos países, además de ser pobres ahora, van a seguir siéndolo, porque las empresas europeas y norteamericanas se están llevando la riqueza de allí (los están explotando).

En algunos países, sin embargo, los trabajadores se han organizado y han llevado a cabo revoluciones para quitarles el poder a los burgueses. Esto ha pasado, por ejemplo, en Cuba, que tiene un gobierno democrático, elegido por el pueblo trabajador. Esos países son los que llamamos **socialistas** y hablaremos de ellos en la página 87.

Además, esta tendencia del capitalismo de crecer sin límite puede llevar a una situación peligrosa para el planeta, porque los recursos de nuestro mundo son limitados. Se puede producir una catástrofe ecológica, de la cual hablaremos en la página 93.

5. ¿QUÉ SON LAS CLASES SOCIALES?

Hemos visto que, a la hora del trabajo, existen personas que poseen medios de producción (los burgueses) y personas que no los poseen (los trabajadores). Por lo tanto, la mayoría de la sociedad pertenece a un grupo o a otro. Esto es lo que llamamos **clases sociales**.

Como vimos antes, en las primeras sociedades no había clases, todo el mundo trabajaba de manera cooperativa. Pero después se acabaron distinguiendo unas personas de otras, según trabajaran o se adueñaran del trabajo ajeno. En la sociedad esclavista había esclavos y amos. En la sociedad feudal había siervos y señores. Y del mismo modo, en la sociedad capitalista, en la que vivimos nosotros ahora, hay trabajadores y burgueses.

Sistema	Clase que trabaja	Clase explotadora
Esclavismo	Esclavos	Amos
Feudalismo	Siervos	Señores
Capitalismo	Trabajadores	Burgueses

Los **trabajadores** no poseen medios de producción. No tienen empresas, ni fábricas. Solo tienen su fuerza de trabajo, y para poder vivir, se la venden a los burgueses a cambio del salario. No tienen ningún poder de decisión en su trabajo, han de hacer lo que el burgués les ordene. La riqueza que genera su trabajo va a parar a manos del burgués, de modo que los trabajadores solo reciben su salario.

Los trabajadores de la industria también se llaman **obreros** o **proletarios**; los del campo son los **jornaleros**.

Los **burgueses** (también se les llama **capitalistas**) poseen los medios de producción. Es decir, son los dueños de las empresas, de las fábricas, de las máquinas... Y no solo eso, sino que también son los que controlan, dirigen, administran las fábricas. Además, son los que recogen las riquezas que se generan con el trabajo.

También son burgueses los grandes propietarios de terrenos en el campo, los llamados **terratenientes**.

Clase	En la industria	En el campo
Trabajadores	Obreros, proletarios	Jornaleros
Burgueses	Patronos	Terratenientes

Trabajadores y burgueses son las dos clases sociales enfrentadas.

Por esto, entre los burgueses y los trabajadores hay un conflicto: buscan cosas contrarias. El burgués quiere ganar mucho dinero, así que va a intentar que los trabajadores trabajen más horas, más rápido, más intensamente, para producir más mercancía. También querrá pagar un salario bajo a los trabajadores, porque cuanto más bajos sean los salarios, más dinero ganará el burgués.

Por el contrario, el trabajador no quiere trabajar jornadas muy largas porque le gusta estar con su familia y amistades, y tener tiempo libre para hacer tareas en casa o dedicárselo a sus aficiones. Además, prefiere trabajar a buen ritmo, porque si trabaja muy intensamente acaba agotado. Por último, el trabajador quiere un salario alto, para poder vivir en un buen lugar, comer buena comida y hacer cosas que le gustan y que requieren dinero (como, por ejemplo, viajar o ir al cine).

Como los burgueses y los trabajadores buscan lo contrario, se produce lo que se llama **lucha de clases**, y existe porque tienen intereses diferentes.

Podréis pensar que los burgueses son malas personas por querer que los trabajadores trabajen más tiempo y más rápido, o por no querer que los trabajadores tengan días libres. La realidad es que no es cuestión de ser buena o mala persona: el burgués quiere ganar más dinero, y sabe que para conseguir eso tiene que perjudicar al trabajador, así que no se preocupa por él.

Del mismo modo, los trabajadores no son malos ni vagos por querer trabajar menos horas, tener días de vacaciones o ganar un salario más alto. Solo quieren tener una vida más digna y agradable. Y para conseguir esto, el burgués tiene que ganar menos dinero, porque no hay otra manera de llegar a eso.

Vemos que entre los burgueses y los trabajadores hay intereses enfrentados, sobre todo porque los burgueses viven a partir del trabajo que desempeñan los trabajadores, es decir, se adueñan de su trabajo. Por eso a los burgueses no les gusta hablar de estas clases sociales, nunca hablan de «burgueses» y «trabajadores». Prefieren hablar de clase alta, clase media y clase baja, clasificando a la gente según el dinero que tiene o que gana. Esto no está bien; primero, porque da la impresión de que la clase alta es la mejor y la clase baja es la peor (esto es *clasismo*, hablamos de él en la página 64). Y además, hace a la gente pensar que, si se trabaja mucho, se puede pasar a una clase más alta, pero esto no es verdad: nunca es así de sencillo.

La tejedora del capítulo 1 es pequeñoburguesa.

Dentro de la burguesía existe, con características propias, la *pequeña burguesía*. Los **pequeñoburgueses** son las personas que tienen los medios de producción pero trabajan ellos mismos, y luego tienen que vender sus productos en el mismo mercado capitalista. La tejedora de la que hablamos al principio del libro sería pequeñoburguesa, porque es la dueña del taller y de las agujas, pero teje ella misma los jerséis (por eso no es propiamente burguesa) y luego los vende. Algunos pequeñoburgueses contratan trabajadores, pero ellos no pueden dejar de trabajar.

Los pequeñoburgueses no son trabajadores porque poseen medios de producción, pero en muchos casos sus condiciones de trabajo no son mejores que las de los trabajadores. Trabajan durante muchas horas y a menudo no tienen vacaciones. Sin embargo, como son propietarios, sus intereses son diferentes a los de los trabajadores. Si bien los trabajadores buscan tener mejores condiciones y ganar más dinero, los pequeñoburgueses quieren llegar a ser burgueses, es decir, vivir del trabajo de los trabajadores a los que contraten y así no tener que trabajar.

A pesar de esta aspiración, la mayoría de los pequeñoburgueses no podrán llegar a vivir de sus trabajadores, porque solo unos pocos están en situación de competir. Los burgueses tienen empresas grandes, que están más preparadas para competir en el mercado, pueden producir más barato que cualquier pequeñoburgués. Por eso casi todos los pequeñoburgueses, antes o después, acaban cerrando su empresa y vendiendo sus medios de producción, de manera que para sobrevivir necesitan trabajar para otros. En este caso se han convertido en proletarios.

En resumen:

	trabajadores (obreros, proletarios)	No poseen medios de producción, solo fuerza de trabajo
	pequeñoburgueses	Poseen medios de producción (empresas, tierras, máquinas) pero no pueden dejar de trabajar
	burgueses (capitalistas)	Poseen medios de producción y no trabajan, viven del trabajo de los empleados que han contratado

Además de estas clases sociales, existen otros grupos sociales, pero son mucho menos importantes y no los trataremos aquí.

6. Y LOS TRABAJADORES, ¿QUÉ PUEDEN HACER?

Como hemos visto antes, existe una lucha de clases entre los burgueses y los trabajadores, porque unos explotan a los otros. Los burgueses quieren ganar más dinero, y los trabajadores quieren dejar de ser explotados. Esta es la lucha de clases.

Algunos trabajadores, para dejar de ser explotados, intentan convertirse en burgueses, y hacen grandes sacrificios para intentar ahorrar dinero y conseguir medios de producción. Cuando lo consiguen, crean una empresa e intentan vivir de ella, pero ya hemos visto lo que les ocurre a los pequeñoburgueses: no pueden competir con los burgueses porque tienen menos recursos, y cuando llegan las crisis, su empresa quiebra o es absorbida por una empresa más grande, así que vuelven a convertirse en trabajadores, como al principio.

Además, por la naturaleza del sistema capitalista, burgueses solo puede haber unos pocos, mientras que trabajadores debe haber muchos más. Por eso, todos los trabajadores no pueden convertirse en burgueses para dejar de ser explotados. Necesitan otra salida.

Ya hemos visto que los trabajadores están siempre en el lado más desfavorable. Tienen que trabajar para otras personas, no reciben las riquezas que generan con su trabajo, y además no tienen ningún poder de decisión, tienen que hacer lo que diga el burgués para el que trabajan. Además, en muchos casos un trabajador no puede quejarse de su trabajo, porque entonces el burgués lo despide para contratar a otro trabajador que no se queje. El trabajador siempre tiene las de perder.

Sin embargo, también hemos visto que la clase trabajadora es mucho más numerosa que la de los burgueses, y también, que los burgueses necesitan trabajadores a los que explotar, porque si no, no ganan dinero. Por eso, aunque un trabajador solo no puede conseguir nada porque siempre tiene las de perder, si todos los trabajadores se ponen de acuerdo sí pueden conseguir sus objetivos. Estos objetivos pueden ser inmediatos, como una mejora del salario, pero también pueden ser más grandes y ambiciosos, como la eliminación de la explotación.

Los trabajadores son imprescindibles, así que si se ponen de acuerdo pueden conseguirlo todo.

En vista de esto, la lucha de la clase trabajadora adopta tres formas: la económica, la ideológica y la política.

Los sindicatos

Desde hace dos siglos los trabajadores se unen y forman **sindicatos**. Un sindicato es una asociación de los trabajadores. Esta asociación sirve para organizarse, ponerse de acuerdo entre todos, y así conseguir las mejoras laborales de las que hablábamos antes.

Para conseguir estas mejoras laborales, los sindicatos organizan acciones de protesta, sobre todo la **huelga**.

Los sindicatos son la única manera que tienen los trabajadores para que los empresarios tengan en cuenta su opinión.

La conciencia de clase

Aunque los trabajadores se unan en sindicatos y consigan mejorar sus condiciones de trabajo, siguen siendo explotados por los burgueses. Pero además, los burgueses dominan los medios de comunicación, la cultura, la vida pública... Por eso los trabajadores deben reflexionar y darse cuenta de que sus intereses están enfrentados a los de los burgueses; deben saber reconocer el objetivo por el que deben luchar: su liberación. Este reconocimiento es lo que llamamos **conciencia de clase** y es ideológico: requiere un cambio en la mentalidad de los trabajadores, que deben empezar a mirar por sus propios intereses.

Los partidos obreros

Una vez que los trabajadores se han unido y se han dado cuenta de cuál es su objetivo, querrán hacer todo lo posible para conseguirlo.

Por esto, para dar el paso final que lleve a eliminar la explotación, los trabajadores se organizan para participar en la política e intentar llegar al gobierno. Las organizaciones que sirven para esto son los **partidos políticos**.

Aunque hay muchos partidos políticos, la mayoría defienden solo los intereses de los burgueses. Sin embargo, también hay partidos que los trabajadores han creado para defender sus intereses. A menudo, estos partidos se llaman **partidos comunistas**, aunque pueden tener otros nombres.

Tipo de lucha	Instrumento
Económica	El sindicato
Ideológica	La conciencia de clase
Política	El partido obrero

Ahora hablaremos más detenidamente de los tres tipos de lucha; empezaremos por la lucha económica, la de los sindicatos.

7. LA LUCHA ECONÓMICA: EL SINDICATO Y LA HUELGA

La primera lucha que los trabajadores llevaron a cabo, y que aún hoy se hace cada día, es la **lucha económica**. En la lucha económica, los trabajadores se unen para reclamar mejores condiciones de trabajo.

Cuando se establecieron las primeras industrias en Europa, las condiciones de trabajo eran muy malas. Las personas que trabajaban en las fábricas tenían que trabajar todo el día, no tenían días de descanso ni vacaciones. Además, cuando las empresas obtenían menos beneficios, los empresarios obligaban a los trabajadores a trabajar más horas. Por eso, frecuentemente enfermaban y muchos se morían en su trabajo, así que los trabajadores estaban muy descontentos.

En una empresa cualquiera, si un trabajador se queja, por lo general el empresario lo querrá despedir porque lo considera conflictivo, y para que no agite al resto de los trabajadores. Esto ocurría en las primeras industrias: los trabajadores que se quejaban eran despedidos y reemplazados por otros que se encontraban desempleados.

Con el tiempo, los trabajadores se dieron cuenta de que solo podían tener fuerza si se asociaban y actuaban todos juntos. Formaron unas asociaciones de trabajadores que son lo que hoy llamamos **sindicatos**, y tienen como función principal organizar a los trabajadores para poder negociar sus condiciones de trabajo.

Como los trabajadores son imprescindibles en una empresa, y sin ellos la empresa no funciona, cuando los trabajadores se organizan, pueden luchar de una manera muy efectiva. Por eso, cuando se formaron los primeros sindicatos, los gobiernos los prohibieron, para evitar que los trabajadores reclamaran mejoras en sus condiciones. Sin embargo, los trabajadores se siguieron organizando de manera clandestina.

Hartándose de las condiciones a las que los empresarios sometían a los trabajadores, los sindicatos empezaron a organizar diferentes acciones: unas en público (como las manifestaciones), y otras en su lugar de trabajo (como las huelgas o los sabotajes).

Las acciones públicas: las manifestaciones

Una de las acciones fundamentales que llevan a cabo los trabajadores para protestar por sus condiciones, es la **manifestación**.

Una manifestación consiste en una marcha en la que la gente camina en grupo por la ciudad o el pueblo.

Las manifestaciones pueden convocarse por muchos motivos, pero normalmente son para protestar por las malas condiciones de trabajo. También se hacen manifestaciones para reclamar al gobierno que cambie sus políticas.

Las manifestaciones son protestas pacíficas, aunque a veces el gobierno ordena a la policía que las reprima y disperse a los manifestantes usando métodos violentos.

Las acciones en el centro de trabajo: la huelga

Hacer **huelga** significa dejar de trabajar. Cuando un sindicato convoca una huelga, los trabajadores deciden no trabajar hasta que se obtengan sus reclamaciones.

Los burgueses temen que los trabajadores hagan huelga, porque si no van a trabajar, no se fabrican los productos que luego hay que vender, así que los empresarios dejan de ganar dinero. Por eso, la huelga es el instrumento más poderoso que tienen los trabajadores.

Sin embargo, la huelga no es algo sencillo. A veces los empresarios no quieren negociar, así que las huelgas pueden prolongarse. Y, además, cuando los trabajadores hacen huelga no cobran. Por eso, si una huelga resulta muy larga, los trabajadores se quedan sin dinero para comer. Pero si abandonan la huelga volverán a trabajar en las malas condiciones en las que estaban, así que se les presenta una elección muy difícil.

Las huelgas estuvieron prohibidas durante mucho tiempo, y los gobiernos detenían y torturaban a los huelguistas y a los sindicalistas que promovían las huelgas. Sin embargo, hoy en día las huelgas son un derecho reconocido de los trabajadores, así que son totalmente legales.

Gracias a las huelgas se han conseguido muchos de los derechos que tenemos hoy los trabajadores. Por ejemplo, hoy en día hay muchos trabajos donde no se trabaja los domingos, porque hace un siglo unos trabajadores se pusieron en huelga para conseguir eso[5]. Además, trabajamos 40 horas a la semana (y no más) gracias a una huelga indefinida que duró 44 días.

Como las huelgas son tan perjudiciales para los empresarios, antes el gobierno las prohibía, pero ahora utiliza otra estrategia. Ahora los medios de comunicación (que son la voz de los burgueses) repiten constantemente

---

5   Los trabajadores que deben trabajar los domingos, como las personas que trabajan en las fábricas o en los restaurantes, tienen al menos otro día libre en la semana.

que los sindicatos son inútiles, que no sirven para nada, y nos recuerdan a menudo las cosas que los sindicatos hacen mal, para que los trabajadores pensemos que son corruptos, perjudiciales e innecesarios. De este modo, los medios consiguen que los trabajadores no nos unamos y no nos organicemos, y así los burgueses podrán imponernos peores condiciones laborales (trabajar más horas o bajarnos el sueldo) sin que tengamos fuerza para evitarlo.

Cuando se convoca una huelga, hay empresarios que amenazan a sus trabajadores para que sigan trabajando y no secunden la huelga. Estas amenazas son ilegales, pero los trabajadores no las denuncian por miedo a que los despidan. Por eso, existen los **piquetes informativos**: grupos de personas que van a los centros de trabajo para informar a los trabajadores de su derecho a hacer huelga.

Las personas que van a trabajar en un día de huelga se llaman **esquiroles**. Los esquiroles son personas que no apoyan las protestas de sus compañeros que hacen huelga. Como la huelga se hace para parar la producción, los esquiroles le quitan fuerza a la huelga, porque ellos sí están trabajando, así que perjudican a sus compañeros.

Además, como los esquiroles no hacen huelga, siguen cobrando su salario, a diferencia de sus compañeros huelguistas. Y si los huelguistas consiguen las mejores condiciones que reclamaban, los esquiroles también se benefician, aunque no hayan arriesgado nada. Por estos motivos, los esquiroles no están bien vistos por sus compañeros y crean mal ambiente de trabajo.

Las huelgas sectoriales y generales

A veces, el problema por el que protestan los trabajadores no se limita a una sola empresa, sino que es compartido por todos los trabajadores de algún sector o de algún país.

Por ejemplo, hace unos años, los trabajadores del transporte por carretera (camioneros y camioneras) sufrían muchos accidentes porque se les obligaba a trabajar muchas horas seguidas. Por eso, decidieron ponerse en huelga todos los trabajadores del sector, de todas las empresas, para exigir al gobierno unas leyes que los protegieran y que prohibieran trabajar tantas horas. Esto es una **huelga sectorial**, porque dejaban de trabajar a la vez todas las personas que trabajaban llevando camiones.

También ocurre que, a veces, el gobierno decide cambiar las leyes con la excusa de reducir el paro, pero modifican las leyes de una manera perjudicial para el trabajador. Entonces todos los trabajadores del país deciden hacer una huelga a la vez. Eso se llama una **huelga general**. Los gobiernos intentan evitar las huelgas generales, porque los días que los trabajadores hacen huelga, el gobierno no recauda impuestos.

La representación de los trabajadores en la empresa

Una de las conquistas de los trabajadores en la lucha obrera ha sido conseguir espacios de representación en las empresas.

Estos espacios de representación significan que los trabajadores de una empresa pueden ponerse de acuerdo y elegir a unas personas que los representen a todos. Estas personas son las **delegadas** y los **delegados de personal**, que en grandes empresas forman un **comité de empresa**. Para elegir a estos delegados o al comité, se celebran **elecciones sindicales**.

En las elecciones sindicales, los trabajadores eligen a sus representantes.

Los delegados y el comité son los que negocian con los dueños y los directivos de la empresa sobre todos los aspectos que influyen en el trabajo: los horarios, los turnos, los salarios... De esta manera, los trabajadores consiguen que su opinión se tenga en cuenta.

Hay empresas en las que no hay delegados de personal, porque el empresario amenaza o acosa a los trabajadores para que no se organicen ni hagan elecciones. Ocurre, sobre todo, en pequeñas empresas, pero también en algunas grandes. Esto se llama **persecución sindical** y está prohibido. Sin embargo, muchos trabajadores no lo denuncian porque temen que los despidan y quedarse sin empleo.

La importancia de los sindicatos

Por todo lo que hemos visto en este capítulo, podemos entender lo importante que es que los trabajadores con conciencia se afilien a un sindicato: así pueden recibir ayuda cuando sufren abusos del empresario, y pueden luchar todos juntos para mejorar la situación de los trabajadores.

Además, los afiliados a un sindicato pueden votar a las personas que van a dirigirlo y organizarlo: son organizaciones democráticas. De este modo, si las personas que lo dirigen lo hacen mal, los afiliados pueden votar para cambiarlas y elegir a otras personas.

Los sindicatos son tan importantes y necesarios, que en las empresas y los sectores en donde los sindicatos son fuertes, las condiciones de trabajo son mucho mejores: hay más descansos, más seguridad y mejores salarios. En los sectores donde los trabajadores no se organizan, las condiciones de trabajo son mucho peores.

Hoy en día, los sindicatos negocian con los burgueses sobre los salarios, las vacaciones, los días de permiso, las horas de trabajo...

Afiliarse a un sindicato es necesario, pero no es suficiente: el sindicato sirve para mejorar las condiciones de trabajo, pero no para eliminar la explotación. Para eso hace falta la lucha política, como veremos más adelante.

8. La lucha ideológica: la conciencia de clase

Hemos visto antes que los trabajadores, cuando quieren mejorar sus condiciones, se afilian a un sindicato, y de esta manera luchan por más descansos, un salario más alto o mayor seguridad en el trabajo. Sin embargo, siguen estando en desventaja: siguen dependiendo de las decisiones del burgués. El burgués se sigue adueñando de su trabajo.

Por este motivo, para llegar a la liberación de los trabajadores, hay que emprender la **lucha ideológica**: cambiar las ideas. Solo cuando todos los trabajadores saben que son explotados y que deben hacer algo para liberarse, podrán ponerse de acuerdo y luchar por sus intereses. Por eso es muy importante estar bien informado y aprender continuamente.

Por eso, para nosotros, los trabajadores, es fundamental lo que llamamos **conciencia de clase**: no olvidar nunca que somos trabajadores, y que los demás trabajadores están en nuestra misma situación de explotación. Cuando un trabajador no tiene conciencia de clase, acaba defendiendo los intereses de los burgueses.

Los burgueses no solo son los dueños de las fábricas y de las empresas. También son los dueños de los medios de comunicación y de entretenimiento. Son los que hacen las películas que vemos en el cine, los programas que vemos en la televisión, y las noticias que repiten en la radio, la televisión y los periódicos. Empresas dirigidas por burgueses elaboran los libros de texto con los que aprendemos en el colegio.

Por ejemplo, cuando los informativos dan alguna noticia sobre las protestas de los trabajadores, suelen describir a los trabajadores que protestan como personas malas, violentas y vagas, y cuando hablan de los motivos de la protesta suelen dar la razón al burgués (al empresario). Además, suelen decir que los trabajadores reclaman condiciones injustas, o incluso los intentan describir como unos privilegiados, para que el resto de los trabajadores tenga mala imagen de ellos y no apoye su lucha.

Cuando veáis las noticias, fijaos en lo que dicen cada vez que hablan de las protestas de los trabajadores, o de las huelgas.

Un trabajador sin conciencia de clase verá las noticias y pensará que el empresario está siendo maltratado por sus trabajadores. Pero un trabajador con conciencia no se olvidará de que los trabajadores son más débiles que el empresario, y entenderá y apoyará las protestas de sus compañeros trabajadores.

Los medios de comunicación siempre hablan mal de los trabajadores que se manifiestan o hacen huelga. Es importante saberlo cuando vemos las noticias en la televisión, la radio o el periódico.

En definitiva, la conciencia de clase nos ayuda a ver el mundo desde el punto de vista de nuestros intereses.

Hoy en día, las ideas burguesas están muy extendidas entre los trabajadores. Muchos justifican el modo de actuar de los burgueses y asumen como algo natural ser explotados por ellos, aunque esto vaya en contra de sus propios intereses. Del mismo modo, muchos de estos trabajadores creen que sería injusto expropiarles las empresas o las fábricas a los burgueses. Esto se llama **alienación**: estos trabajadores están defendiendo los intereses de los burgueses por encima de los suyos propios.

Otro ejemplo de esta alienación ocurre cuando se convoca una huelga y algunos trabajadores defienden «el derecho a ir a trabajar», es decir, a perjudicar la huelga. Estos trabajadores critican a sus compañeros huelguistas y a los piquetes informativos; ignoran que quienes hacen huelga reclaman mejoras para todos, y que los piquetes son necesarios porque los empresarios amenazan a los trabajadores para que no hagan huelga.

Esto pasa porque la mayoría de la sociedad se ha creído lo que dicen los burgueses a través de los medios de comunicación. La televisión, la radio, las películas, todos los medios nos mandan el mismo mensaje: debemos competir con los demás, ser mejores que ellos y quedar por encima. Ganar más dinero que las demás personas, tener una casa mejor, un coche más caro. Todos los medios nos repiten que debemos hacernos «emprendedores», fundar nuestra propia empresa, y nos ponen como ejemplos de éxito a los grandes empresarios. Esto es lo que se llama **hegemonía**: la burguesía, que tiene el poder, decide lo que los demás deben pensar.

Si nos paramos a analizarlos, estos mensajes son las ideas de los burgueses, que los medios nos repiten para que no pensemos de otro modo. Nos dicen que debemos competir porque así consiguen que no trabajemos juntos; nos dicen que montemos una empresa para que nos sintamos identificados con los grandes empresarios, para que tengamos la esperanza de ser algún día como ellos.

De esta manera, como las personas trabajadoras piensan que algún día podrían llegar a tener empresas, estas mismas personas rechazarán cualquier intento de quitarles los privilegios a los burgueses.

Pero ya hemos visto que esto es una ilusión, es una falsedad. La mayoría de las personas trabajadoras nunca fundará una empresa, y muy pocas tendrán éxito como empresarias, casi todas las que lo intenten fracasarán. Por esto, a la mayoría de las personas trabajadoras no nos conviene competir. Podemos conseguir objetivos mucho mejores y más grandes si trabajamos a conjunto. Y por eso, debemos tener claro que, si queremos una sociedad que no abandone a nadie, pero donde nadie tenga privilegios ni pueda explotar a los demás, todas y todos debemos aportar y colaborar.

Esto es lo que persiguen la lucha ideológica y la conciencia de clase: estas ideas, beneficiosas para la clase trabajadora, deben sustituir a las que nos transmite la burguesía. Y especialmente deben eliminar las ideas burguesas más perjudiciales, como el clasismo, el machismo, el racismo o la xenofobia, de las que hablaremos en el siguiente capítulo.

9. TODOS TENEMOS ALGO QUE APORTAR

Cuando hablamos de las clases sociales, vimos que a los burgueses no les gusta que se hable de *burgueses* y de *proletarios*. Al contrario, prefieren que se hable de clase alta, media y baja. Ellos suelen pertenecer a la clase «alta» o «media», y por eso fomentan la idea de que la «clase alta» es la mejor y la «clase baja» es la peor.

La realidad es diferente. Los trabajadores no debemos diferenciar a la gente según cuánto dinero ganen. Por mucho dinero que pueda ganar un trabajador, si no tiene medios de producción, en cualquier momento puede perder su trabajo y quedarse desempleado. Como ya vimos, lo que define a un trabajador es que solo posee su fuerza de trabajo.

Además, como trabajadores con conciencia de clase, debemos tener claro que todas las profesiones son necesarias y dignas. Los burgueses intentan que veamos algunas profesiones como más dignas que otras, porque así consiguen que los trabajadores no estemos unidos y no luchemos. ¿Cuántas veces habéis oído a alguien despreciar a otra persona porque no tiene estudios superiores, o porque trabaja de camarera o de limpiadora?

Hacer este tipo de distinciones entre los trabajadores es **clasismo**, y es una mala actitud. Haber estudiado más o menos no nos hace mejores ni peores. Tener una determinada profesión tampoco nos hace ser mejores personas.

En la sociedad todos los trabajadores somos necesarios. Si no hubiera personas limpiando, viviríamos en unas calles sucias, trabajaríamos en lugares sucios, y probablemente enfermaríamos. Si no hubiera camareras y camareros, no podríamos salir a comer fuera de casa, ni a tomar un café o un refresco con nuestras amistades cuando tenemos tiempo libre. Estas personas se esfuerzan cada día en hacer su trabajo de la mejor manera posible y merecen el mismo respeto que las que ejercen cualquier otra profesión. Lo mismo se puede decir de todos los demás trabajadores, sea cual sea su ocupación.

Igual ocurre con los estudios: haber estudiado más años no hace que nuestro trabajo sea más importante. De nada serviría si todos fuéramos ingenieros, licenciados o arquitectos, porque solo son necesarios unos pocos, y una sociedad no puede funcionar sin el trabajo que realizan todas las demás personas que no lo son. Un ingeniero no sirve para nada si no hay obreros que operen las máquinas que inventa. Un arquitecto no sirve para nada si no hay albañiles que construyan las casas que diseña. Un despacho de abogados no funcionará si no hay personas secretarias recibiendo a sus clientes por teléfono o por correo. De nada sirve el trabajo de un médico si no hay personal de enfermería cuidando de los enfermos.

La persona que trabaja en un bar, sirviendo bebidas o platos, o la persona que está atendiendo al público en una tienda, se merece el mismo respeto que la persona que compra en esa tienda o consume en ese bar. La persona que barre y limpia la calle se merece el mismo respeto que los que la usan y andan por ella. Por eso es importante recordar que debemos tratar a todas las personas trabajadoras con el máximo respeto y cordialidad.

No importa cuál sea su trabajo: todas las personas de la clase trabajadora son igual de valiosas.

La intolerancia

Además de por su trabajo, muchas veces nos encontramos con que algunas personas son despreciadas por otros detalles, desgraciadamente. Seguro que recordaréis ocasiones en las que habéis oído comentarios desagradables hacia las mujeres, hacia los extranjeros o hacia la gente con otro color de piel.

Las mujeres durante muchos siglos han sufrido una vergonzosa opresión. Hasta hace muy poco, en nuestra sociedad, las mujeres tenían muy pocos derechos. Por suerte, las mujeres que ejercieron la lucha feminista han ido consiguiendo la igualdad de derechos entre mujeres y hombres. Hoy en día, aún hay algunas actitudes que desprecian a la mujer, es lo que llamamos **machismo**. Todas las actitudes que desprecian a la mujer son incorrectas, pues tanto las mujeres como los hombres son personas igual de necesarias. Una sociedad que no los trate por igual siempre estará atrasada y será injusta. El machismo oprime a la mujer, y perjudica a todo el mundo.

Las personas con un color de piel o unos rasgos faciales diferentes a los nuestros también sufren a menudo desprecio, comentarios ofensivos, y a veces reciben un trato peor en el trabajo. Esto es lo que se llama **racismo**. El color de piel nadie lo elige, y es el resultado de la herencia familiar. Por eso, despreciar a alguien por su color de piel o sus rasgos está mal: todos nosotros somos igual de capaces para desarrollar nuestro trabajo y ayudar a los demás, da igual nuestro color.

Otras personas que también sufren discriminación son las personas que nacieron en otro país, y ahora viven y trabajan con nosotros. La discriminación hacia las personas extranjeras se llama **xenofobia**, y como los otros tipos de discriminación, es incorrecta y nos perjudica a todos. Nadie elige el país en el que nace, y no sabemos los motivos que han llevado a estas personas a emigrar aquí. Además, las personas que vienen de otros países pueden enseñarnos muchas cosas que no sabemos, así que nos pueden enriquecer.

Hay quien dice que estas personas que nacieron en otro país nos están perjudicando, dicen que nos quitan el trabajo o que vienen a robar. Esto es mentira: estas personas quieren y necesitan trabajar igual que nosotros, y no son los causantes del desempleo. Criticar a las personas extranjeras es una manera de distraernos del verdadero problema: quien nos explota, quien nos roba la riqueza de nuestro trabajo, no son las personas extranjeras, sino los burgueses.

Y esto mismo es lo que se consigue con las demás actitudes. Los burgueses fomentan el clasismo para que los trabajadores compitamos y luchemos entre nosotros, y así nos olvidemos de ellos. Fomentan el machismo para anular la fuerza de las mujeres trabajadoras. Fomentan el racismo y la xenofobia para que pensemos que los trabajadores que vienen de otros países son nuestros enemigos. De este modo, nos olvidamos de que son los burgueses quienes están aprovechándose de nuestro trabajo.

Pero no es esto lo que nos dicta nuestra conciencia de clase: todos los trabajadores (mujeres y hombres, de aquí o de fuera) somos diferentes, pero nuestros problemas y nuestros intereses son los mismos, todos sufrimos la explotación. Todas las personas trabajadoras aportamos algo a esta sociedad y podemos colaborar para hacerla mejor.

No importa la procedencia, la raza o el género: toda la clase trabajadora debe trabajar unida.

10. EL SISTEMA POLÍTICO CAPITALISTA

Como hemos comentado antes, en Andalucía vivimos en el capitalismo. Los países capitalistas de Europa suelen tener todos el mismo sistema político, la **democracia burguesa**. Vamos a ver el porqué de este nombre.

Democracia es una palabra que inventaron los griegos en la Antigüedad y que significa 'gobierno del pueblo', es decir, en una democracia, todo el pueblo participa.

En la democracia burguesa que existe en España desde 1978, todos los ciudadanos elegimos cada cuatro años a los miembros del parlamento (el Congreso de los Diputados) y del Senado. Estos miembros serán los representantes de la gente. Este proceso lo llamamos **elecciones**.

Existen elecciones de diversos tipos:

- Las elecciones **municipales** sirven para elegir a los concejales. Luego, los concejales eligen al alcalde o la alcaldesa, que es quien dirige el gobierno de la ciudad o pueblo.

- Las elecciones **autonómicas** sirven para elegir a los miembros del parlamento de la comunidad autónoma. En nuestro caso, votamos a los miembros del Parlamento de Andalucía, que son quienes luego elegirán al presidente o a la presidenta de la Junta de Andalucía.

- Las elecciones **generales** sirven para elegir a los miembros del Congreso de los Diputados y el Senado.

Las personas elegidas en las elecciones son las que formarán el gobierno y propondrán y ejercerán las leyes y ordenanzas.

Quienes quieren representar a la ciudadanía pueden presentarse a las elecciones. Sin embargo, para presentarse tienen que hacerlo en nombre de algún partido político.

Existen diversos partidos políticos, que representan diversas ideologías. Hasta ahora, los dos más grandes representan las ideologías que ellos llaman «moderadas». Son los que han estado más tiempo en el gobierno: el PSOE[6], que representa unas ideas socialmente más innovadoras, y el

---

6 PSOE significa *Partido Socialista Obrero Español*. Fue fundado por Pablo Iglesias en 1879. Los presidentes españoles Felipe González, José Luis Rodríguez Zapatero y Pedro Sánchez pertenecían a este partido. También estuvo en el gobierno durante la Guerra Civil. Además, ha gobernado la Junta de Andalucía hasta 2018.

PP[7], que representa unas ideas más tradicionales. Son los partidos con más votantes y también con más recursos económicos.

Existen también otros partidos que representan otras ideologías. Sin embargo, estos partidos y casi todos los demás aceptan el capitalismo como sistema económico, es decir, aceptan la explotación de los trabajadores como algo normal. Solo algunos quieren eliminar la explotación (son los partidos obreros, y hablaremos de ellos en la página 83).

Los defensores de la democracia burguesa siempre aseguran que es el mejor sistema político por su pluralidad, porque hay diferentes partidos que representan las diferentes ideas de la sociedad, según ellos. Sin embargo, esto no es del todo cierto. Aunque según las normas cualquiera puede formar un partido y presentarse a las elecciones, la realidad es mucho más difícil. Puedes fundar un partido nuevo, pero tu éxito en las elecciones dependerá en gran parte del dinero que tengas para hacer publicidad en los medios de comunicación o para convocar actos. Si no tienes dinero, no podrás hacer publicidad, la gente no conocerá tu partido y no recibirás votos.

---

7   PP significa *Partido Popular*. Fue fundado en 1989. Los presidentes españoles José María Aznar y Mariano Rajoy pertenecían a este partido. Además, gobierna la Junta de Andalucía desde 2018.

En el sistema político capitalista, aunque los trabajadores creen un partido, es muy difícil para ellos abrirse paso entre los partidos que ya existen.

Por eso, los trabajadores, que suelen tener menos dinero, lo tienen mucho más difícil que los burgueses para llegar al gobierno. Un ejemplo de esto es el partido Ciudadanos (C's), que se creó hace poco tiempo, pero ha conseguido muchos seguidores rápidamente porque cuenta con el apoyo de la burguesía. Por eso ha tenido mucha publicidad y se ha podido hacer muy conocido.

Otra opción para participar en la política es afiliarse (inscribirse) en un partido político que ya existe. Sin embargo, su funcionamiento es complejo y a veces no muy democrático. Hay partidos en los que todo es decidido en los niveles más altos, mientras que los afiliados no pueden hacer valer su opinión porque no existen mecanismos para eso.

Por todas estas dificultades, hay mucha gente a la que deja de interesarle la política, porque se dan cuenta de que es muy difícil influir en lo que haga el gobierno. Y esto ocurre mucho más entre las personas de clase trabajadora, porque son las que menos posibilidades tienen de que su voz se escuche.

Este es el motivo de que llamemos a nuestro sistema *democracia burguesa*: quienes mandan son los burgueses (los capitalistas, los empresarios), que tienen más recursos para hacer política e influir en ella. Ellos son los que tienen el poder de decisión sobre lo que pasa en el país. En las elecciones podemos votar todos, pero el gobierno sufre fuertes presiones de los dueños de las grandes empresas, porque son los que tienen el dinero. Así, sin importar el partido que gane, los burgueses consiguen que el gobierno haga leyes que los favorezcan. Los trabajadores tenemos poco que decir. Por eso, es un sistema hecho por los burgueses y para los burgueses: las personas trabajadoras solo podemos opinar votando.

Ante esta situación, si los trabajadores quieren participar en el sistema burgués de partidos, tienen que fundar partidos propios, con funcionamiento democrático. Pero si quieren llegar al poder, los partidos de los trabajadores no se pueden conformar con presentarse a las elecciones y ganar algunos representantes, sino que tienen que hacer una tarea mucho más completa. Hablaremos de ellos más adelante.

11. EL SOCIALISMO Y EL COMUNISMO

Como hemos explicado antes, la lucha de clases consiste en que la clase explotadora y la clase explotada tienen intereses contrarios. En el capitalismo, unos (los burgueses) viven de explotar a los demás. Otros (los trabajadores) no quieren ser explotados. Por eso no hay ningún sistema que beneficie a los dos.

Por eso, la única manera de que los trabajadores dejen de estar explotados es tomando el poder (mediante una *revolución*) y estableciendo un sistema diferente: un sistema en el que el trabajo se reparte entre todos y en el que el fruto del trabajo es compartido por la comunidad, sin que haya nadie que viva del trabajo de los demás.

Este sistema se llama **socialismo** y existe en los países socialistas. En el socialismo, el gobierno está compuesto por trabajadores y elegido por ellos, y los trabajadores lo deciden todo.

Para llegar al socialismo, es necesario establecer la *dictadura del proletariado*. El nombre seguramente os suene mal, porque *dictadura* normalmente significa que alguien manda y los demás solo pueden obedecer. Pero ya vimos antes que el sistema en el que vivimos, la democracia burguesa, está hecho para que manden los burgueses, así que podríamos llamarla *dictadura del capital*. El *proletariado* es otro nombre para llamar al conjunto de los trabajadores, así que, en la *dictadura del proletariado*, quienes mandan son los trabajadores.

Es en esta etapa cuando el nuevo gobierno de los trabajadores *expropia* las tierras y las fábricas a los burgueses. Así, las tierras y las fábricas pasan a pertenecer a todos los trabajadores, no a una sola persona. Las personas que trabajan el campo o que trabajan en la fábrica, ahora son las dueñas. ¿No es más justo así?

De este modo, las decisiones sobre las tierras y las fábricas las toman los trabajadores a través del Estado, que los representa.

Por otro lado, cuando hablamos del capitalismo dijimos que los capitalistas decidían lo que fabricaban según lo que les diera más beneficios. Esto no ocurre en el socialismo. Dado que todos los trabajadores son los dueños de las fábricas y las tierras, se cultiva y se fabrica lo que le hace falta a la gente, aunque no dé beneficios. De este modo se asegura que todo el mundo cubre sus necesidades.

El socialismo funciona según el principio de «*a cada uno según su trabajo*». Es decir, que todo el mundo debe trabajar si quiere tener algo para comer. Así todo el mundo contribuye a que la sociedad, el país y el mundo prosperen y sean cada vez mejores.

Por supuesto, esto no incluye a la gente que no puede trabajar. Todo el mundo debe trabajar en la medida en que pueda, pero quien no puede no va a ser abandonado por el resto de la sociedad.

Del mismo modo, en el socialismo, la educación y la sanidad son gratuitas para todo el mundo. Así se garantiza que todas las personas que nacen y crecen en el socialismo tienen las mismas posibilidades. En el capitalismo, las personas que tienen más dinero pueden pagarles a sus hijos unos colegios mejores y, si se ponen enfermos, van a los mejores hospitales, que cuestan más caros. En el socialismo esto no es necesario, porque los colegios y los hospitales son los mismos y dan las mismas oportunidades a todas las personas.

El sistema político socialista

En la página 69 vimos cómo funcionaba el sistema político capitalista. El sistema socialista, sin embargo, funciona de otra manera.

Vimos que para participar en el sistema capitalista es necesario afiliarse a un partido político o crear uno, e intentar hacer valer las ideas a través de él y de sus candidatos. Esta es la única manera de participar en la política en un país capitalista.

En un país socialista, en el que los trabajadores han llegado al poder, las elecciones no se hacen por partidos. En cada barrio y pueblo se forman asambleas: son reuniones de vecinos donde se tratan las cuestiones políticas locales y deciden entre todos lo que se va a hacer para resolver los problemas. Todos los trabajadores tienen voz y voto en estas asambleas, con lo cual puede participar quien quiera. Cuando hay que elegir las personas candidatas para los gobiernos municipales o del país, estas asambleas son las que las proponen.

En los países socialistas, las
decisiones se toman en asambleas,
donde participa todo el mundo.

De esta manera, cualquier persona puede presentarse como candidata a los órganos de gobierno, convenciendo a su asamblea local y luego dándose a conocer a los demás vecinos para que puedan decidir si quieren votarla a ella o a cualquiera de las otras personas candidatas.

Este sistema no solo permite participar en la política a las personas candidatas, sino también a las que no lo son, puesto que en las asambleas vecinales todo el mundo puede opinar, debatir y sugerir.

El comunismo

El socialismo, sin embargo, no es una sociedad perfecta, es una situación temporal. Hemos dicho que a cada uno se le paga según su trabajo, pero sabemos que no todo el mundo puede trabajar lo mismo. Hay personas que aguantan trabajos más duros y otras que no; algunas que pueden aguantar muchas horas seguidas trabajando y otras que no pueden. Por eso, si cobran según su trabajo, seguirá habiendo gente que viva en mejores condiciones.

Esto ocurre porque, aunque los burgueses ya no sean los propietarios de las empresas, las fábricas y los campos, van a seguir durante un tiempo intentando recuperar sus privilegios, y mucha gente aún seguirá teniendo una mentalidad capitalista hasta muchos años después de haberse implantado el socialismo. En esta etapa socialista, es necesaria una fuerte labor de educación para que la gente se acostumbre a vivir en este nuevo sistema, en el que los medios de producción son de toda la sociedad y no hay nadie que explote a otra persona. La gente debe acostumbrarse a que sus necesidades estén cubiertas y asumir que no necesita acumular dinero, ni comida, ni otras propiedades.

El socialismo es una situación temporal, como hemos dicho, porque el sistema al que aspiramos no es ese. El sistema al que queremos llegar se llama **comunismo**. En el comunismo, el trabajo ocurre de manera cooperativa, todo el mundo colabora en el trabajo para conseguir productos para toda la sociedad.

A diferencia del socialismo, que existe en algunos países, el comunismo todavía no ha existido en ninguno. Esto es así porque el comunismo solo puede existir si se da en todo el mundo: para llegar al comunismo, es necesario que haya recursos suficientes y en abundancia para toda la población. Además, se necesitan unos avances técnicos que todavía no tenemos, pero que llegarán si seguimos investigando en ciencia y tecnología.

Si en el socialismo cada uno recibía lo correspondiente a su trabajo, eso en el comunismo ya no ocurre, porque no es necesario. En el comunismo todo el mundo trabaja cuanto puede y elige libremente en qué quiere trabajar; por otro lado, dado que no todo el mundo tiene las mismas necesidades, cada uno recibe lo que necesita. De ahí que el principio del comunismo es «*de cada uno según su capacidad, a cada uno según su necesidad*».

En una sociedad de este tipo no hará falta el dinero, ni se comprarán ni se venderán cosas. Y de este modo, dado que todo el mundo tendrá lo que necesita, no habrá egoísmo ni avaricia.

Por eso, el comunismo es el sistema que garantiza la **igualdad social**, una situación en la que todas las personas ocupan el mismo lugar en la sociedad y no hay ninguna por encima de las demás.

12. LA LUCHA POLÍTICA: EL PARTIDO OBRERO

Una vez explicado el sistema al que queremos llegar, el comunismo, volvemos a la última fase de la lucha.

En el capítulo sobre los sindicatos, vimos que los trabajadores en su lucha se plantean unos objetivos inmediatos. En general, suelen ser la mejora de las condiciones de trabajo: trabajar menos horas, el derecho a días de vacaciones, descansos para comer, subidas salariales... Sin embargo, pronto se dan cuenta de que estas mejoras no van a acabar con su explotación, solo van a hacerla temporalmente más llevadera.

Además, aunque los trabajadores consigan estas mejoras, normalmente no duran mucho. En cuanto el capitalismo entra en una de sus crisis, los empresarios aprovechan para empeorar las condiciones laborales de los trabajadores, para que trabajen más tiempo y cobren menos dinero. Y como en crisis sube el paro, los trabajadores se quejan menos y aceptan peores condiciones de trabajo.

Por otro lado, el Estado, que está hecho por burgueses y para burgueses, siempre defiende los intereses burgueses cuando los trabajadores se enfrentan a ellos. Por ejemplo, cuando los trabajadores, para protestar, ocupan una fábrica o bloquean la entrada, el burgués dueño de la fábrica puede llamar a la policía para que desaloje a los trabajadores. De esta manera, el burgués se sirve del Estado para conseguir sus fines.

Esto es así porque, según la ley, el burgués es el dueño de los medios de producción, así que el Estado acepta que haga con esos medios lo que quiera. Si quiere impedir la entrada de los trabajadores, puede hacerlo.

Los trabajadores se dan cuenta de que, para dejar de ser explotados, tienen que conseguir que la explotación no sea legal. Y para eso tiene que eliminarse la propiedad privada, es decir, que una fábrica no pertenezca a un burgués que no trabaja en ella, sino que sea propiedad de todas las personas de clase trabajadora.

Para conseguir este objetivo político, igual que en el caso del sindicato, los trabajadores tienen que unirse, para que su fuerza sea mayor, y emprender la **lucha política**. Y por eso se agrupan en un **partido político**, el partido obrero. Aunque en los sistemas políticos burgueses (como el nuestro) existen muchos partidos políticos, y existen trabajadores que votan a todos ellos, solo puede denominarse partido obrero aquel que quiere eliminar el dominio de los burgueses y la explotación. Estos partidos suelen llamarse **partidos comunistas**, aunque pueden tener nombres muy diversos.

Los partidos obreros se presentan a las elecciones en los países capitalistas, para acceder al parlamento y poder influir en las decisiones del gobierno o hacer valer su voz. Sin embargo, estos partidos no pueden hacer solo eso: también tienen que crear conciencia y enseñar a los trabajadores, hacerles ver que es necesario organizarse para tomar el poder, y que la toma del poder no se puede hacer a través del parlamento, sino que hay que preparar la revolución.

Por eso, los miembros de los partidos obreros tienen que estar en todos los movimientos sociales, para crear conciencia obrera. Por ejemplo, en las manifestaciones contra los desahucios o contra las reformas laborales. Además, tienen que estar presentes en los centros de trabajo, y organizar actividades (charlas, talleres) para enseñar y concienciar a los trabajadores sobre las luchas obreras.

El partido obrero debe estar en todos los centros de trabajo.

El objetivo del partido obrero es incorporar a todos los trabajadores, para poder representarlos a todos.

13. LOS PAÍSES SOCIALISTAS

Cuando hablamos del imperialismo, dijimos que había algunos países donde los trabajadores se habían organizado y habían llevado a cabo revoluciones. En estas revoluciones se establecieron Estados socialistas; algunos siguen existiendo, y otros han vuelto a ser capitalistas. Vamos a ver algunos de ellos.

Cuba

Cuba es una isla que se encuentra en el mar Caribe. Fue conquistada por Castilla hace quinientos años, y hasta hace poco más de un siglo pertenecía a España. Sin embargo, los cubanos querían ser independientes, y al final del siglo XIX empezaron a luchar por su independencia. En esa época, los Estados Unidos le declararon la guerra a España y la ganaron, así que se quedaron con Cuba, Puerto Rico y Filipinas, aunque Cuba se independizó poco después. No obstante, el sistema capitalista que soportaban los trabajadores cubanos era muy duro, pues trabajaban mucho y pasaban mucha hambre, y estaban gobernados por un dictador elegido por los Estados Unidos. De este modo, Cuba estaba sometida a los intereses de las empresas estadounidenses[8].

En 1956, el dictador que estaba en el poder se llamaba Fulgencio Batista, y el pueblo trabajador cubano decidió rebelarse contra él. Cuando consiguieron echarlo del poder, establecieron un Estado socialista. Desde entonces, los Estados Unidos han sometido a Cuba a un bloqueo económico, es decir, prohíben a los ciudadanos estadounidenses comprar o vender cosas en Cuba, o ir de visita. Incluso en estas duras condiciones, Cuba ha establecido un país próspero donde nadie pasa hambre, todo el mundo tiene casa, y disfrutan de una muy buena educación y sanidad. Es el país de América Latina con menos analfabetismo y con menos desnutrición. Además, es el país con más médicos del mundo, y muchos de esos médicos se van de misión a países pobres para ayudar en lo que pueden.

Cuba en la actualidad es un ejemplo de cómo funciona el sistema político socialista, el que describimos en la página 77. Cada cinco años hay elecciones a la asamblea nacional, donde participa casi todo el mundo y elige al representante que más le gusta. No se vota a partidos sino a personas, que tienen que convencer a los vecinos para conseguir su voto. Los políticos no cobran más por su labor política, sino que mantienen el salario del empleo en el que trabajaran antes.

---

8   Esto pasa hoy en muchos otros países de América y Oceanía.

Por otro lado, en Cuba la economía está planificada, según los principios socialistas. Por eso, a cada persona le corresponde una cierta cantidad de comida que puede adquirir a precios muy bajos en las tiendas del gobierno. Aparte de esta cantidad, siempre pueden comprar más comida a precios más altos, pero así se aseguran de que todo el mundo tiene suficiente comida para vivir. Del mismo modo, todo el mundo tiene una vivienda, que puede ser propia o alquilada al Estado.

La Unión Soviética

Rusia es el país más grande del mundo. En 1917, el país se encontraba inmerso en la Primera Guerra Mundial. Pero los trabajadores rusos pasaban hambre, muchos vivían en malas condiciones y, además, no querían ir a la guerra y morir. Así que se rebelaron contra el emperador (allí se llamaba *zar*) y su gobierno y establecieron un gobierno de los trabajadores. Al principio les costó, y se encontraron con la oposición de los burgueses, que le declararon la guerra civil al nuevo gobierno. Sin embargo, los trabajadores ganaron la guerra y transformaron su país al socialismo. Lo llamaron **Unión Soviética**, y el nombre viene porque en cada barrio y en cada pueblo se establecieron unas asambleas de vecinos que se llamaban «sóviets» y donde todo el mundo podía participar y decidir.

Antes de llegar los trabajadores al poder, Rusia era un país muy atrasado, apenas tenía industria y casi todo el mundo trabajaba en los campos de los señores feudales. Sin embargo, con el gobierno socialista, la Unión Soviética avanzó mucho más rápido que el resto de los países del mundo. Establecieron muchas industrias, consiguieron ganar la Segunda Guerra Mundial que le habían declarado los nazis alemanes... Incluso fueron el primer país que consiguió mandar al espacio a un animal, a un hombre y a una mujer[9]. La Unión Soviética destacó en los deportes y en la cultura, y llegó a organizar y celebrar unos Juegos Olímpicos, los de Moscú en 1980.

Sin embargo, la Unión Soviética fue abandonando poco a poco las políticas socialistas porque la mentalidad capitalista nunca llegó a desaparecer. En 1990 los gobernantes soviéticos decidieron volver al capitalismo, en contra del deseo de los trabajadores (que habían votado que se mantuviera la Unión Soviética). Desde entonces, la pobreza y la delincuencia se han disparado en Rusia.

El Kremlin es un palacio en Moscú donde estaba el gobierno soviético.

Junto con la Unión Soviética, casi todos los países del este de Europa (como Polonia, Rumanía, Hungría o Yugoslavia, además de la mitad de Alemania) tuvieron

---

9   El programa espacial de la Unión Soviética envió al espacio a Yuri Gagarin en 1961 y a Valentina Tereshkova en 1963, fueron los primeros **cosmonautas**. Pero antes que ellos, en 1957, el primer animal que estuvo en el espacio fue la perra Laika.

gobiernos socialistas, pero en 1990 se disolvieron todos casi a la vez.

Otros países

En el extremo oriental de Asia, frente a Japón, se encuentra la península de Corea. Después de la Segunda Guerra Mundial, la península quedó dividida, y en la mitad norte, los trabajadores establecieron un gobierno socialista. Sin embargo, la mitad sur, donde se estableció un gobierno capitalista apoyado por los Estados Unidos, declaró la guerra al norte, y hasta hoy no han querido firmar la paz. **Corea del Norte** es un Estado con algunas características socialistas, pero que no es completamente socialista por muchos motivos, entre otros por su situación especial, porque lleva sesenta años en guerra y bajo la amenaza directa de los Estados Unidos (el ejército más potente del mundo).

Algunos países árabes han tenido gobiernos que han mezclado algunos rasgos socialistas con otros de la cultura tradicional. Los más importantes fueron Egipto, Libia, Irak, Túnez o Siria. De entre ellos, Irak, Libia y Siria fueron invadidos por los Estados Unidos y sus aliados para eliminar a esos gobiernos. Ninguno de estos países conserva elementos socialistas ya.

Existen otros países que han sido socialistas, como China o Vietnam, y que luego han retrocedido, así que ya no son socialistas.

14. El futuro del planeta Tierra

Cuando analizamos el funcionamiento del capitalismo, en el capítulo 3, vimos que la intención de los burgueses siempre es ganar más dinero, y para ganar más dinero, producen más y más productos.

Además, vimos que los productos que se producen en el capitalismo son los que más beneficios generan para los burgueses, pero no siempre son los que necesita la gente.

Por eso, los burgueses se han servido de diversas tácticas para que compremos sus productos. Una de estas tácticas, por ejemplo, es fabricar productos que se estropean rápido, para que tengamos que comprar otros nuevos y así les proporcionemos aún más beneficios.

Esto, por un lado, es negativo para nosotros como trabajadores, pues estamos gastando nuestro dinero en productos de baja calidad que, además, nos obligarán a comprar otro nuevo en cuanto se estropeen.

Pero el impacto negativo es para nuestro planeta en general. Todos estos productos requieren de una determinada energía para ser fabricados, y esta energía procede del petróleo y del gas, en su mayor parte. El petróleo y el gas son fuentes energéticas limitadas, es decir, si seguimos usándolas se acabarán agotando. Y no solo eso: cuando utilizamos petróleo y gas estamos liberando contaminación, estamos ensuciando el aire y el agua, que necesitamos para vivir.

Pero no solo el petróleo y el gas son recursos limitados; todos los recursos del planeta Tierra lo son. Si ensuciamos el aire no podremos respirarlo luego, porque no podemos fabricar más. Si cortamos los árboles del bosque para utilizar su madera o para convertirlo en huerto o en ciudad, no habrá nada que limpie el aire, porque son los árboles quienes se dedican a limpiarlo. Si ensuciamos el agua ya no nos servirá para beber, para cocinar o para lavarnos.

A esto debemos añadirle toda la cantidad de basura que se genera por estos productos que ya no sirven. Como cada vez consumimos más productos, también los tiramos a un ritmo más rápido y, por lo tanto, generamos más basura cada día. Además, en la Tierra somos ya 7.500 millones de personas, más que nunca antes en la historia.

Esto al principio no era un problema, pero hoy sí lo es. La basura se acumula en vertederos, pero cada vez hacen falta más y son más grandes. Además, cada vez más basura llega al mar y acaba por ensuciarlo.

Hace unas cuantas décadas, ya las personas se dieron cuenta de este problema y surgió el **ecologismo**, un movimiento social que se dedica a preocuparse por la salud de nuestro planeta. Por eso ahora conocemos lo que es la reutilización y el reciclaje: antes de tirar algo tenemos que intentar darle otra utilidad, y si no podemos, intentaremos transformarlo en otra cosa. Si no podemos transformarlo nosotros, existen empresas de reciclaje que lo harán en nuestro lugar. De ese modo, con el papel y el cartón que tiramos puede hacerse más papel, y con eso se evita talar más árboles. También pueden reciclarse los envases de plástico, metal, vidrio...

A pesar de todas estas iniciativas, la cantidad de basura que tiramos y que no se puede reciclar sigue siendo cada día mayor. Esto es así porque el ecologismo no se ha dedicado a resolver la causa del problema. Y, si analizamos el problema, la causa es el sistema capitalista, que produce cada vez más productos que no necesitamos, y nos obliga a consumir más y tirar más basura.

Por eso, el socialismo (y posteriormente, el comunismo), como sistema económico donde se planifica la producción en función de lo que la gente necesita, es una solución a este gran problema del medio ambiente. Solo cuando consumamos lo que necesitamos (y no más), conseguiremos empezar a controlar la basura que tiramos al planeta y que lo ensucia.

Y no solo la basura: también tenemos que empezar a consumir menos energía y obtenerla de fuentes que no se agoten (del sol, del viento, del mar...), y solo podremos conseguirlo si organizamos nuestra economía.

A día de hoy, Cuba, un país socialista, es el único país del mundo que lleva a cabo el desarrollo sostenible.

15. FILOSOFÍA E HISTORIA DEL SOCIALISMO. KARL MARX Y EL MARXISMO

Karl Marx

En el libro hemos hablado de clases sociales, de lucha de clases, de conciencia de clase, de sindicatos y partidos políticos. Pero estos conceptos no se conocían hace doscientos años, porque la sociedad era diferente. El capitalismo estaba empezando a desarrollarse y extenderse por el mundo.

Del mismo modo que se desarrollaba el capitalismo y los trabajadores empeoraban sus condiciones de trabajo, fue surgiendo en ellos la conciencia y la necesidad de hacer algo para mejorar su situación. Por eso, en el siglo XIX nacieron diferentes corrientes de pensamiento que llamamos socialistas.

En 1818 nació en Alemania un señor llamado **Karl Marx**. Marx fue el hijo de un abogado y entró en la universidad para estudiar derecho, historia y filosofía. Desde sus años de universidad se preocupó por la situación de los obreros y campesinos que vivían en su región.

Marx desarrolló una filosofía que llamamos el **materialismo histórico**. El materialismo histórico afirma que lo que nos mueve como sociedad a evolucionar son la necesidad y el hambre; se opone al idealismo, que afirma que nos mueven las ideas (religión, justicia, libertad). Por lo tanto, esta visión materialista concibe la historia como algo fuertemente marcado por la lucha de clases: el hecho de que clases sociales diferentes tengan intereses contrarios.

Marx no solo fue filósofo, sino que también se dedicó al periodismo, a la economía, a la política. Junto con Friedrich Engels, otro señor con el que coincidía en sus ideas y planteamientos, escribió en 1848 el *Manifiesto del Partido Comunista*: un libro donde planteaba las ideas fundamentales del movimiento por la liberación de los trabajadores.

En 1869, además, empezó a publicar *El Capital*, su libro más importante. En este libro, Marx describe cómo funciona la economía capitalista y la ley del valor (la que vimos al principio del libro). Hasta hoy, *El Capital* es el libro que mejor explica el capitalismo.

Por todo esto, los seguidores de las ideas filosóficas y políticas de Marx y Engels se denominan **marxistas** y siguen el **marxismo**.

Marx murió en 1883, enfermo y pobre, pero dejando tras de sí un rico legado de ideas, a las cuales tenemos que estarles agradecidos los trabajadores.

El marxismo-leninismo

La muerte de Marx no significó el fin de sus ideas sino el comienzo, dado que el efecto que habían tenido en la lucha obrera fue muy grande. Se organizaron grupos de trabajadores por todo el mundo, que intentaron llevar a cabo la revolución socialista de diferentes maneras.

Donde primero fue posible esta revolución socialista fue en Rusia, como comentamos en el capítulo anterior. A principios del siglo xx, los trabajadores rusos pasaban hambre y trabajaban en unas condiciones muy malas. Ya en 1905 se habían rebelado contra el gobierno, pero no consiguieron tomar el poder, y el zar (el emperador ruso) mandó a los líderes socialistas a la cárcel o al exilio. En 1917, los obreros estaban hambrientos y muy cansados de la guerra en la que estaba envuelta Rusia[10], así que tras

---

10 Rusia se encontraba inmersa en la Primera Guerra Mundial, que había comenzado en el año 1914 y que enfrentaba a Rusia, Inglaterra, Francia e Italia contra Alemania, Austria-Hungría y el

diversas huelgas y revueltas, consiguieron tomar el gobierno.

Esta revolución la encabezó un hombre al que apodaban **Lenin**, que formaba parte del *partido bolchevique*.  Puesto que Lenin fue la figura principal que ideó la estrategia para la revolución, la ideología que defendió la revolución y la que siguen los comunistas de hoy se llama **marxismo-leninismo**: las ideas de Marx y de Lenin.

El marxismo-leninismo no se ha quedado estancado en las ideas de hace un siglo, sino que se ha ido enriqueciendo con las ideas de muchos otros pensadores de todas las partes del mundo, algunas enfrentadas entre sí, pero que han supuesto un aporte muy valioso a la lucha obrera. Entre ellos destacan Rosa Luxemburgo, Antonio Gramsci, Ernesto 'Che' Guevara, Mao Tse-Tung o Fidel Castro, aunque hay muchos más autores imprescindibles.

Imperio Otomano. Gracias a la revolución, Rusia se retiró de la guerra.

16. ACLARANDO ALGUNAS DUDAS

En esta sección vamos a responder algunas preguntas frecuentes que no hemos abordado en los capítulos anteriores.

¿Por qué hay gente que quiere trabajar pero no tiene trabajo?

En el sistema económico en el que vivimos, el capitalismo, el trabajo no se reparte entre todo el mundo. Siempre hay una cierta cantidad de gente que se encuentra **desempleada**, o como normalmente decimos, están *parados*.

Hay gente que piensa que la culpa del paro es de las máquinas. Hemos visto que en el capitalismo las empresas compiten entre sí por los beneficios, así que continuamente están intentando mejorar sus procesos y sus máquinas para producir de un modo más barato.

Es verdad que cuando se introducen máquinas en una fábrica, muchos trabajadores dejan de ser necesarios. Pero también es verdad que estos trabajadores no se quedan parados para siempre, porque otros burgueses crean otras industrias donde los pueden contratar.

Sin embargo, los burgueses se benefician de que haya trabajadores desempleados. Por un lado, esto les permite pagar salarios bajos: la gente prefiere cobrar menos dinero pero estar trabajando. De este modo, si algún empleado pide cobrar un salario más alto, el burgués puede despedirlo y contratar a un desempleado que se conforme con un salario bajo. Por otro lado, harán lo mismo si algún empleado reclama mejores condiciones de trabajo. Si no hubiera desempleados, el burgués no podría hacer esto y los trabajadores no tendrían miedo de movilizarse.

Por eso, los gobiernos actuales, que están a favor del capitalismo, no hacen nada por evitar el desempleo: porque si todo el mundo tuviera trabajo, el sistema capitalista no funcionaría.

¿Es verdad que los empresarios dan trabajo?

Una frase que habréis oído mucho, o seguro que oiréis durante vuestra vida, es que «los empresarios crean trabajo» o «dan trabajo». Cuando se va a instalar una fábrica en una ciudad, o se va a abrir un nuevo comercio, los medios de comunicación dicen, por ejemplo, que «la nueva empresa dará trabajo a 300 personas».

Estas frases después las repite la gente, y hablan de lo buena que es la empresa porque *dará mucho trabajo.*

Estas frases reflejan el punto de vista del burgués. A los burgueses les gusta decir que ellos «dan trabajo», es decir, que gracias a ellos, los trabajadores tienen un lugar donde ir a trabajar y reciben un salario.

Por este motivo, muchas veces oímos a la gente, a los medios de comunicación y a muchos políticos decir que «los empresarios crean riqueza», porque los empresarios establecen sus empresas y contratan a trabajadores.

El punto de vista del trabajador, sin embargo, no puede ser ese. Las frases anteriores ignoran un factor importante: las empresas **necesitan** a los trabajadores para funcionar. El trabajo que ejercen los trabajadores es el que permite al empresario obtener beneficios y aumentar su capital; y, como hemos visto antes, los trabajadores solo reciben pago por una parte de su tiempo de trabajo, ya que la otra parte es la que contribuye a enriquecer al empresario.

Por eso, podemos afirmar sin equivocarnos que el burgués no «*da* trabajo» a los trabajadores, sino que se aprovecha de ellos. Cuando el burgués contrata al trabajador, lo que hace es **comprar** su fuerza de trabajo y pagarle menos de lo que produce.

Además, esto significa que **es el trabajador quien crea la riqueza.** Este es el motivo de que a los empresarios les den miedo las huelgas, por ejemplo: si los trabajadores dejan de trabajar, no se crea riqueza, y el empresario no gana dinero.

Mientras que el trabajador aporta valor con su trabajo, lo único que aporta el burgués es el capital inicial, es decir, no crea nada nuevo, y desde luego, no crea la riqueza.

Hay empresarios que también "trabajan". ¿Por qué no son también clase trabajadora?

Cuando hablamos de las clases sociales, distinguimos a los trabajadores de los burgueses porque los burgueses tienen medios de producción y los trabajadores no. Es verdad que algunos burgueses también trabajan (no todos lo hacen). Sin embargo, hay una diferencia importante: los trabajadores venden su fuerza de trabajo porque es lo único que tienen, no tienen nada más, y es la única manera que tienen para subsistir. Cuando hacen esto, con su trabajo permiten que otra persona (un burgués, dueño de la empresa o de la tierra) se enriquezca. Los trabajadores reciben un salario por una parte de lo que han trabajado, pero no tienen ningún tipo de decisión en su trabajo, tienen que obedecer órdenes.

Los burgueses que trabajan lo hacen para sí mismos: ellos recogen la riqueza que genera su trabajo. Eso es lo que los diferencia de la clase trabajadora.

Hay gente que dice que el comunismo no es posible porque las personas somos egoístas por naturaleza. ¿Es verdad?

No. Las personas no somos ni buenas ni malas por naturaleza, no somos egoístas ni altruistas; dependemos de la sociedad en la que vivimos, del tiempo, del lugar, de la cultura...

Existen muchas pruebas de que las personas no siempre somos egoístas, de que la sociedad nos moldea. Hoy en día se fomenta el egoísmo, porque vivimos en una sociedad capitalista que nos hace competir. Sin embargo, como vimos al principio, hace miles de años las tribus hacían trabajo cooperativo y las tierras y los animales no tenían dueños.

Del mismo modo, aún hoy existen muchas sociedades cuya convivencia se basa en el trabajo en común; por ejemplo, los pueblos que viven en las selvas tropicales tienen esta organización.

Además, en los países socialistas existe una actitud hacia el trabajo en común mucho más cooperativa y menos competitiva que en los capitalistas, lo cual nos lleva a pensar que el comunismo es perfectamente posible para la humanidad: una vez que no exista escasez y todo el mundo tenga lo necesario, no habrá motivos para competir ni para ser egoístas.

Los comunistas quieren eliminar la propiedad privada. ¿Qué pasará con mis cosas? ¿Van a ser de todos?

A lo largo del libro, te habrás dado cuenta de que los comunistas decimos que queremos eliminar la propiedad privada de los medios de producción. Esto se justifica porque cuando los medios de producción pertenecen a todos los trabajadores, las ganancias del trabajo los benefician a todos ellos. Por eso queremos que los medios de producción (las tierras, las fábricas, las empresas) no tengan dueños, sino que sean de todos los trabajadores.

Los burgueses siempre dicen que los comunistas quieren que todo sea de todos y nadie tenga nada, y así consiguen asustar a los trabajadores. Sin embargo, los comunistas siempre hablamos de **los medios de producción**, porque son los que generan desigualdad y explotación. Las cosas que tienes en casa no son medios de producción. Tus libros, tu ordenador, tu televisor, son posesiones personales, son bienes de consumo, no son medios de trabajo. Ningún comunista va a querer quitártelas.

¿Puedo ser comunista, defender el comunismo, y tener un iPhone, un ordenador...?

Sí, por supuesto. Ambas cosas no están reñidas: defender el comunismo es querer eliminar la explotación, no tiene nada que ver con los objetos que tengas.

Hay personas que están en contra del comunismo que, para criticar a los comunistas, dicen que no podemos tener teléfonos móviles, ordenadores, u otros objetos. Según ellos, estos objetos están fabricados en el capitalismo y por eso no podemos tenerlos y defender el comunismo a la vez.

Esto no es cierto. Si vivimos en una economía de tipo capitalista, es normal que todo lo que compremos esté fabricado en el capitalismo. Pero los ordenadores o los teléfonos móviles no son objetos capitalistas: en las economías socialistas también existen. Además, el teléfono móvil fue inventado en la Unión Soviética, un país socialista.

Además, aunque estos objetos lleven la marca de la empresa de un burgués, quienes los han fabricado son personas trabajadoras, como tú y yo. Como ya sabemos, los burgueses no aportan nada porque no trabajan.

La lucha de la clase trabajadora no pretende que deje de haber teléfonos móviles, ordenadores u otros objetos, sino que las personas que los fabrican no estén explotadas.

En España hay un partido que se llama "Partido Socialista". ¿Es socialista este partido?

El PSOE (Partido Socialista Obrero Español) fue fundado en 1879 por un señor llamado Pablo Iglesias. Este partido, cuando fue fundado, se llamaba socialista porque seguía las ideas de Marx, que marcaban el socialismo de la época. Al principio estuvo perseguido, pero en tiempos de la Guerra Civil llegó a estar en el gobierno.

Sin embargo, en 1974, al final de la dictadura de Francisco Franco, el PSOE celebró un congreso donde abandonaron el marxismo. Desde entonces, y aunque no hayan cambiado su nombre, el PSOE no puede ser considerado socialista, dado que no pretende llegar al socialismo (el que describimos en la página 75).

¿Qué se celebra el 1 de mayo?

En 1886, en Chicago (Estados Unidos), los trabajadores reclamaban trabajar ocho horas al día, porque estaban cansados de que los patronos los obligaran a trabajar jornadas de diez, doce o hasta dieciséis horas. Así que convocaron una huelga el 1 de mayo y estuvieron varios días sin trabajar.

En las revueltas y manifestaciones de esos días, muchos trabajadores murieron, asesinados por la policía.

Por eso el 1 de mayo se celebra el **día de la clase trabajadora.** Es un día festivo en casi todo el mundo, en el que se recuerda a los trabajadores que pelearon y murieron en la lucha obrera. Ese día se celebran manifestaciones en todas las ciudades importantes, y en ellas se reclaman mejoras laborales para todos los trabajadores.

¿Qué se celebra el 8 de marzo?

Desde la aparición del comunismo en el siglo XIX, los comunistas siempre han estado a favor de la igualdad entre hombres y mujeres de clase trabajadora. Como las mujeres trabajadoras estaban en una situación desfavorecida respecto a los hombres, los comunistas quisieron fijar un día para reclamar la igualdad entre ellos. El día que se eligió fue el **8 de marzo** y se celebró por primera vez en Europa central en 1911. En ese día hubo más de 300 manifestaciones en ciudades del continente europeo.

El 8 de marzo es un día festivo en los países socialistas; el primero en celebrarlo fue la Unión Soviética. Precisamente allí se avanzó mucho en la igualdad entre hombres y mujeres: no había diferencias de salario entre ellos y la integración de las mujeres era plena en todos los sectores de trabajo.

Fue tanta la importancia del 8 de marzo a nivel mundial, que las Naciones Unidas decidieron convertir el 8 de marzo en el «día internacional de la mujer», intentando quitarle el carácter de clase trabajadora a este día.

Sin embargo, esta iniciativa fue una idea original del movimiento comunista, por eso es correcto decir que el día 8 de marzo es el **día de la mujer trabajadora**, con el significado de la mujer de clase trabajadora, no importa que esté trabajando o en paro.

CONCLUSIÓN

A lo largo de este librito hemos hablado de la situación de los trabajadores, de la sociedad en la que vivimos, del sistema político, del trabajo... de muchas cuestiones con las que vivimos cada día.

Espero haber logrado transmitiros que muchas de las cosas que más nos afectan y nos perjudican tienen un motivo claro, que no siempre han sido así, y que podemos cambiarlas, si nos organizamos y luchamos.

Es importante que no se nos olvide la fuerza de la cooperación. Hoy en día, está de moda pensar que tenemos que competir con nuestros semejantes, con la gente con la que vivimos; nos dicen que tenemos que ser mejores que ellos, tener más que ellos y ganar más que ellos. Pero nuestra verdadera fuerza no está en competir, sino en trabajar en equipo todas y todos. Eso es lo que nos hace grandes a las personas trabajadoras y lo que nos permitirá hacer este mundo más justo.

También quiero dejar claro que, con este libro, solo pretendo que tengáis una idea muy sencilla de lo que ha sido y es la lucha de los trabajadores. Pero cuando seáis un poco más grandes, si os interesa saber más sobre estos temas, podréis buscar en muchos otros libros. En el siguiente capítulo os dejo los nombres de algunos libros y autores que os serán de gran ayuda si queréis saber más acerca de cómo funcionan nuestro mundo y nuestra sociedad.

Así que me gustaría dejaros con dos ideas fundamentales, para que las apliquéis el resto de vuestra vida:

1. El mundo siempre puede cambiar. De hecho está cambiando cada día. Y siempre se puede mejorar.

2. Siempre podemos ayudar, colaborar para que el mundo sea mejor. Y debemos hacerlo por nosotros y por las personas con las que vivimos.

La próxima vez que os digan que «así es la vida» o que «eso no se puede cambiar», sabed que es mentira. Y que si todos nos esforzamos, lo conseguiremos.

PREGUNTAS DE RESUMEN

¿Has entendido bien el libro? Compruébalo intentando responder a las siguientes preguntas.

1. ¿Quién pone los precios de las cosas? Si una cosa vale el doble que otra, ¿qué significa?

2. ¿Qué utiliza el trabajador para vivir? ¿Por qué recibe un salario?

3. ¿De qué vive un burgués? ¿Cuál es su función en una fábrica?

4. Si el trabajador al trabajar genera riqueza, ¿quién se queda esta riqueza?

5. ¿Qué es la plusvalía? ¿Quién se beneficia de ella?

6. ¿Qué es un monopolio? ¿Es bueno un monopolio para la clase trabajadora?

7. ¿Qué es una colonia? ¿Qué países se benefician de las colonias?

8. ¿Cuáles son las dos clases sociales más importantes del capitalismo?

9. ¿Qué es la pequeña burguesía?

10. ¿Por qué ocurre la lucha de clases? ¿En qué consiste?

11. ¿Qué tres modos de lucha tiene la clase trabajadora?

12. ¿Por qué se hace huelga?

13. ¿Qué es un esquirol? ¿Los esquiroles son beneficiosos o perjudiciales?

14. ¿Por qué son importantes los sindicatos?

15. ¿Qué es la conciencia de clase? ¿Es importante?

16. ¿Hay razas mejores que otras? ¿Son mejores los hombres o las mujeres?

17. ¿Cuál es el sistema político en el que vivimos? ¿Este sistema beneficia a la clase trabajadora, o la perjudica?

18. ¿Cuál es el sistema que reparte el trabajo entre todos? ¿En qué países existe?

19. ¿Por qué a la clase trabajadora no le basta con organizarse en sindicatos?

20. ¿Cuál es el instrumento de la clase trabajadora para la lucha política?

Respuestas

1. Los precios de las cosas corresponden a la cantidad de trabajo social invertido en producirlas. Cuando una cosa vale el doble que otra, significa que para producirla se invierte el doble de tiempo.

2. Para vivir, el trabajador utiliza su trabajo, no tiene nada más. Recibe un salario a cambio del trabajo que desempeña.

3. Un burgués vive de su capital: sus propiedades, sobre las cuales trabajarán otras personas. No tiene ninguna función en una fábrica.

4. De la riqueza generada por el trabajador, una parte se convierte en su salario, y la otra se la queda el burgués.

5. La plusvalía es la riqueza generada por el trabajador que luego el mismo trabajador no recibe en forma de salario. El burgués se beneficia de ella, pues se la apropia.

6. Un monopolio es una situación en la que una sola empresa fabrica un producto o provee un servicio. Los monopolios son muy perjudiciales para la clase trabajadora.

7. Una colonia es un territorio que es invadido o dominado por otro más poderoso, con el objetivo de

saquearlo. Los países desarrollados son los que se benefician de las colonias.

8. Las dos clases sociales más importantes del capitalismo son la clase trabajadora y la clase burguesa.

9. La pequeña burguesía es la parte de la burguesía que no posee suficiente capital para vivir del trabajo ajeno. De este modo, los pequeñoburgueses tienen que trabajar para vivir, pero también se quedan con la plusvalía de sus trabajadores.

10. La lucha de clases ocurre porque la clase trabajadora y la burguesa tienen intereses opuestos: para que la burguesía obtenga más dinero, tiene que extraer más plusvalía, pero la clase trabajadora quiere obtener más dinero por su trabajo.

11. Los tres modos de lucha de la clase trabajadora son el económico, el ideológico y el político.

12. La clase trabajadora hace huelga para reivindicar sus derechos ante la clase burguesa que la explota.

13. Un esquirol es la persona que sigue trabajando cuando se convoca una huelga. Los esquiroles son perjudiciales para la clase trabajadora, pues le quitan poder.

14. Los sindicatos son importantes porque son el modo que tiene la clase trabajadora de organizarse y luchar unida ante la explotación económica de la burguesía.

15. La conciencia de clase es el conocimiento que tienen los trabajadores de su situación de explotación, sus intereses y su lugar en la lucha de clases. Es muy importante, porque solo los trabajadores con conciencia de clase querrán luchar y dejar de estar explotados.

16. Las razas solo son colores en la piel, pero no hay ninguna raza mejor que otra. Toda la clase trabajadora se encuentra en la misma posición, independientemente de su piel. Lo mismo ocurre entre hombres y mujeres: el sexo no determina que una persona sea mejor o peor.

17. Vivimos en la democracia burguesa. Este sistema perjudica a la clase trabajadora, porque impide que participe en las decisiones políticas.

18. El sistema que reparte el trabajo entre todas las personas es el socialismo. Hoy en día existe en Cuba, pero ha existido también en la Unión Soviética, Alemania, China y más países.

19. A la clase trabajadora no le basta con organizarse en sindicatos porque la explotación capitalista es parte del sistema político. Por eso, deben cambiar el sistema político para eliminar la explotación.

20. El instrumento de la clase trabajadora para la lucha política es el partido obrero o partido comunista.

BIBLIOGRAFÍA COMENTADA

Si os interesa leer más sobre el socialismo o sobre la lucha obrera, aquí os dejo una lista de libros que podéis consultar. Son más complejos, porque están pensados para un público adulto. Por eso, también son más detallados.

Textos de introducción:

- Fundación de Investigaciones Marxistas, *Acercarse a Carlos Marx*, Ed. Atrapasueños (ISBN: 978-8461187645). Es un texto sencillo que explica los conceptos básicos de la filosofía de Karl Marx.

Textos didácticos:

- Marta Harnecker, *Cuadernos de educación popular*. Es una serie de once cuadernos que explican paso a paso y con detalle muchos de los conceptos que hemos visto en este libro: la explotación, las clases sociales, el capitalismo, el socialismo... La autora ha publicado estos cuadernos en Internet para su descarga gratuita.

- Nikolai Bujarin, *El ABC del comunismo*. Este libro toca todas las nociones básicas, desde el desarrollo del capitalismo hasta el orden social comunista.

- Manuel Muñoz Navarrete, *Principios aplicados de marxismo-leninismo*. Este texto de introducción también explica los conceptos más básicos del marxismo-leninismo e incluye unos capítulos específicos sobre España.

Textos clásicos:

- Karl Marx y Friedrich Engels, *Manifiesto del Partido Comunista* (ISBN 978-8420655000). Este documento histórico fue la carta de presentación de los comunistas en el siglo xix.

- Friedrich Engels, *Principios del comunismo* (ISBN 978-1523940257). En este texto inacabado, Engels da respuesta a 25 preguntas sobre las ideas generales del comunismo.

- Vladimir Lenin, *Tres fuentes y tres partes integrantes del marxismo*. Lenin explica en este texto tres conceptos fundamentales del marxismo.

Textos sobre economía:

- Marcelo Isacovich, *Introducción a la economía política*. Sirve como libro de texto de economía marxista.

- Karl Marx, *El Capital* (ISBN 978-8446012221). Es la obra principal de Marx y desarrolla en detalle el funcionamiento del capitalismo. La Editorial Herder ha publicado una versión manga que facilita su comprensión (ISBN: 978-8425431333).

A MODO DE EPÍLOGO

En este libro hemos hablado de sindicalismo, de marxismo, de socialismo, de comunismo. Pero, sobre todo, hemos hablado de la dignidad del trabajador.

Escribí este libro para que mis sobrinos supieran más sobre el mundo y su funcionamiento, sobre la lucha obrera y el camino por recorrer, siempre de una manera superficial. Pero espero que pueda ser útil a toda aquella persona, joven o adulta, que llegue a leerlo.

Por eso, si te ha gustado, si te ha resultado útil o si has aprendido con él, **compártelo**. Haz que llegue a más gente, préstalo, regálalo, dónalo, háblale a la gente sobre él. Déjame una reseña en Amazon o Goodreads, si quieres, comentando lo que te ha parecido, o envíame un mensaje a mi correo electrónico (*genossedaniel@outlook.com*).

Por último, recuerda que para vencer, hacemos falta todos los trabajadores, así que... a trabajar ;) y como dijo Marx...

TRABAJADORES DE TODOS LOS PAÍSES, ¡UNÍOS!

ÍNDICE DE CONCEPTOS

www.ingramcontent.com/pod-product-compliance
Lightning Source LLC
Chambersburg PA
CBHW062010280526
45787CB00005B/2044